交渉上手

弁護士
嵩原安三郎
Yasusaburo Takehara

三笠書房

はじめに

「交渉」しだいで仕事と人生はもっと楽しくなる！

「交渉上手」——本書のタイトルを見て、どんな人を思い浮かべましたか？

いろいろあると思いますが、ひと言でいえば「賢くて口がうまい人」、そんなところでしょう。同時に、自分は大して賢くないし口もうまくない、だから交渉も苦手なんだと思ったかもしれませんね。

それでも、おそらく「交渉上手？　なれるものならなってみたい」と思って本書を手に取ってくださった。うれしいです。ありがとうございます。

そんなあなたに、最初にお伝えしておきます。賢くて口がうまいことで交渉を有利に運べる人もいますが、それは交渉上手の必須条件ではありません。

では、条件は何かというと、2つあります。

1つは**「人をよく見ている」**こと、もう1つは**「自分をよく見ていること」**こと。

これが弁護士として長年、数々の交渉をまとめてきた私の結論です。

どのような交渉でも相手の本音や隠れた要望を見極めることが欠かせません。それには自分が話すよりも先に相手が話すことを聞きながら、よくよく相手を観察する必要があります。

また、交渉がうまい人は、自分のことをよくわかっています。どんなことが得意で、どんなことが苦手なのか。それを知ったうえで、自分の持つ「才能」をもっとも活かせる交渉スタイルを身につけています。

自分と相手のことをよく理解し、そのとき一番効果的な交渉の進め方ができる人。

それこそが本書でいう「交渉上手」なのです。

ここで少し自己紹介をさせてください。

先ほどもいいましたが、私は弁護士です。事故の示談交渉や事件当事者からの聞き取り、企業の代理人としての折衝など、年間100～150件ほどの交渉をしています。それとは別に、退職希望者に代わって中小企業の経営者などと交渉をする退職代行の仕事もしています。

1つの案件をまとめるには、いくつもの交渉事を解決しなくてはいけません。そう考えると実際の交渉数は数え切れないほどになるでしょう。その1つひとつの交渉を上手に運ぶことで、話をこじらせず、あまり時間もかけずに合意形成できます。

自分でも相当な数の交渉をまとめ上げてきたと思いますが、すべては現場でさまざまな交渉術を身につけてきたおかげなのです。

○交渉には「3つの目的」がある

そんなふうに、数多くの交渉を経験してきた私がつねに心がけていることがあります。それは、**「誰を満足させるか」という目的を見極める**こと。交渉の目的は大きく分けて3つあります。**「自分も相手も満足させる」**こと、**「自分を満足させる」**こと、

「相手を満足させる」ことの3つです。

当然、目的が違えば、交渉の進め方やテクニックもがらりと変わります。しかし、多くの人はこの違いを意識しないまま、どの目的でも同じような交渉術で挑んでしまっているのです。

本書では、3つの目的別に「合意形成を導くための交渉術（自分も相手も満足させる）」「要求を押し通すための交渉術（自分を満足させる）」「ニーズを引き出すための交渉術（相手を満足させる）」をたくさんご紹介していきます。

まとめて頭のなかの引き出しにしまっておいて、いざ交渉に臨むときには、まず「誰を満足させる交渉なのか」と考えてみてください。それに応じて、頭の引き出しから、適切な交渉術を取り出せるようになれたら完璧です。

本書でご紹介するテクニックを全部身につけなくては交渉上手になれないわけではありません。

自分に合うテクニックもあれば、合わないテクニックもある。**いろいろと試して、**

自分だけの「交渉術・虎の巻」を作っていってください。まずはストレスなく実践できそうなテクニックを、失敗しても痛くないところで使ってみるといいでしょう。

成功したら、その調子でまた試してみる。

失敗したら「どうやったらよかったのか」と考えて次に活かす。

すると誰でも交渉に慣れ、うまくできるようになっていきます。

ちょっとでも上手にできたら、楽しくなります。もっとやってみたくなります。

その好循環に入ることができれば、どんどん交渉がうまくいくようになるでしょう。

交渉は、いわば人間と人間のゲームです。「こんなやり方もあるのか、今度試してみよう」というふうに、交渉というゲームの攻略本として本書を役立ててもらえれば本望です。

○交渉上手になると〝驚くほど〟生きやすくなる

交渉上手になると、仕事をはじめとしたさまざまな人生の局面で我慢しなくてよくなります。無茶振りもゴリ押しも交渉でもって回避することができるからです。

それに、周囲から信頼され、トラブルとも無縁になっていくでしょう。交渉上手ならば、無理なことは無理とはっきり示し、なおかつ最大限に相手を喜ばせるように持っていけるからです。

さらには、困っている人を助けることもできます。言いたいことが言えずに我慢している人のために自分が代わって交渉する。そんなヒーローになることもできるなんて、素晴らしいと思いませんか？

つまり、**交渉上手になると仕事もプライベートも、自分自身の手で、いい方向に導くことができるようになる。**その結果、人生がどんどん楽しくなるのです。

退職代行の仕事をしていて、つくづく思うことがあります。

人にとって一番しんどいのは、自分を殺して我慢しなくてはいけないことだな、と。

本書を手に取った人も、きっとうまく要望を通せないことが多いばっかりに、多かれ少なかれ不満や生きづらさを抱えているのでしょう。

交渉がうまくなると、その一番しんどいことを人生からなくしていけるのです。もう我慢する必要はない、**人生は自分で楽しくしていけるんだ。**そう気づくきっかけに本書がなれたら、そして交渉というものを好きになってもらえたら、著者としてそれほど喜ばしいことはありません。

嵩原安三郎

もくじ

1章 交渉上手は生き方上手

2章 「合意形成を導く」技術

――「満足」させつつ「ちょっと上」を行く

3章

「提案を押し通す」技術

——手強い相手を「思い通り」に動かす

4章

「要望を受け入れる」技術

——徹底的に「本音」を引き出す

編集協力／福島結実子
本文ＤＴＰ／株式会社システムタンク

1章

交渉上手は生き方上手

「交渉上手＝話し上手」とは限らない

次々と言葉を繰り出し、ロジックにもスキがなく、すべてを自分の有利なほうに持っていく——。

「交渉上手」というと、そんなイメージが浮かぶのではないでしょうか。

しかし、このイメージは間違っている、といったらどうでしょう。言葉巧みにロジカルに話すことに長けている人、いわゆる**「話し上手」が、交渉上手とは限らない。**

むしろ、そうした「力量」が交渉の足を引っ張ることも多いのだ、と。

にわかには信じられないかもしれませんが、じつはそうなのです。

「自分は話し上手だ」という自負がある人は、往々にして、交渉の進め方がワンパターンになりがちです。

自分で「ここが落としどころだ」と思っているところがあって、そこに話を持っていくために論理構成を考える。もちろん、思い通りになることもあるでしょう。

でも、それを「上手に交渉した」とはいいません。なぜなら、「思い通りに進んだ」というのは、たまたま、相手も同じような落としどころを想定しており、早々に交渉成立に至っただけであることが大半だからです。

つまり自分の交渉力の為せる業でも何でもなく、最初からお互い暗黙のうちに決まっていたゴールに到達しただけなのです。最初から「妥当な価格」が決まっている「市場の値切り交渉」と同じように。

それで十分じゃないか、と思われたかもしれません。

では、こう考えてみると、どうでしょうか。

自分の話術で押すばかりではなく、もっと相手の話を聞いて、前は知る由もなかった情報を引き出せたら……？

それができたら、**最初に自分が思っていた「落としどころ」より、もっとお互いにいい条件や、より自分に有利な条件で合意できる**可能性が開かれます。

こうした可能性を、言葉が巧みな人、ロジカルに話すことに長けている人は、なまじ話上手であるという自信があるばかりに見過ごしてしまう。彼らが必ずしも交渉上手とは限らない、と最初にいったのは、そういうわけなのです。

あるいは、「あまり話さない」ことが、交渉を有利にする切り札になるとしたら、どうでしょう。

たとえば、本書でご紹介するテクニックに「沈黙」を活用するものがあります。

これなどは「話し上手」という自信のある人には、とうてい実践できない芸当でしょう。「話し上手」は、「自分が話したい」というのが、つねに先に立ってしまうものだからです。

みなさんのなかには、長いこと「自分は口下手だから……」と、交渉の場に自信をもって臨めなかった人も多いでしょう。しかし、自分が話すだけが交渉ではないのですから、口下手であることは、まったくマイナスではありません。むしろ聞き手や質問する側に回り、情報を引き出すことで交渉の場をコントロールすることもできるのです。

相手の話を引き出す「聞き上手」になれるという意味では、かえって「口下手＝交渉上手の資質十分」といってもいいのです。

本書でいう「交渉上手」とは、すでにわかっている情報、まだわかっていない情報、さらには相手の気持ちや立場、隠れた本音など、すべてを踏まえて満足のいく結果に導ける人のことです。

こう聞くと大変そうに思えるかもしれませんが、心配は不要です。誰でもすぐに取り入れられるテクニックをあなたにだけこっそり教えます。

交渉上手のポイント

「口下手」でも交渉はうまくいく

ビジネスもプライベートも交渉だらけ

「交渉」というと、まず思い浮かぶのはビジネスシーンでしょう。

取引先との契約で、相手から情報を引き出しつつ、いかに自分に（あるいは双方に）とって、よりよい条件に持っていくか。こういった場面をイメージする人は多いかもしれませんが、ほかにも交渉が必要になる場面はたくさんあります。

たとえば、上司から振られた仕事を、どう進めるか。なるべく自分に都合のいいように進め、自分に無理のないタイミングで提出したいものですが、それを一方的に主張したら、上司の覚えが悪くなるだけでしょう。

上司がその仕事を自分に振った背景や意図などを踏まえて、進め方や納期をすり合わせていく必要があります。

これは、つまり上司＝相手が抱える本音や事情を聞き出しつつ、合意点に持っていくということですから、立派な交渉なのです。

仕事の場面だけではありません。**プライベートでも交渉が必要な場面はたくさんあります。**

たとえば、休日のデートはどう過ごすか、夏休みの家族旅行はどこに出かけるか、というのを決めるとき。予定を詰め込むか、「何もしない時間」を作ってのんびり過ごすか……。

相手の本音が見えなかったり、意見がぶつかったりしたら、やはり、互いに気持ちよく過ごせるようにすり合わせが必要になります。これだって立派な交渉なのです。

家族旅行の相談をするなかで、お母さんは「子どもたちを自然に触れさせるために、アウトドアで遊べるような場所に行こう」と言い、お父さんは「軽井沢の貸別荘に泊まろう」と言ったとしましょう。

ここで、お母さんは考えました。「軽井沢にもアウトドアで遊べるところはあるだろうから、夫の案に乗ろう」。ところが、いざ軽井沢の貸別荘に着いてみると、お父さんは、ろくに子どもを連れ出そうとせず、のんびりしているばかりです。

当然、お母さんは納得いかないでしょう。「軽井沢まで来て、何も遊ばずに過ごすなんて……!」と。

私は離婚の相談も多く受けていますが、こうした不満が積もり積もることが、家庭内不和の一番の原因だったりしますから、「たかが休日の過ごし方」と侮ることはできません。

さて、この夫婦は、いったいどこで間違ってしまったのでしょうか。

時計を戻せば、「アウトドアで遊べるところか、軽井沢の貸別荘か」というところで、互いの本音、ニーズをもっと詰めるべきでした。まさに「交渉」が必要な場面だったのです。

お母さんを主人公として考えてみましょう。

自分のほうには、「子どもを自然のなかで遊ばせたい」というニーズがありました。間違いだったのは、お父さんの「軽井沢の貸別荘に泊まろう」という提案を聞いて、

「アウトドア遊びができそうだ」と思ったこと。いわば勝手な期待を抱いてしまったのです。

人は「自分にとって都合のいい解釈」をしがちです。しかし、「きっとこうなるだろう」という独りよがりの期待をすると、お互いの認識のずれが生じ、トラブルが起こってしまうのです。

では、どうしたらよかったのでしょう。

お父さんが「軽井沢の貸別荘」を提案してきたのはいったいなぜなのか。**発言のなかに隠れた本音を探ればよかった**のです。

そこでひと言「どうして貸別荘で過ごしたいの?」と聞いてみる。「どうして?」は万能の質問です。そう聞けば、「たまの休暇は、のんびり過ごしたいんだよ」という本音を引き出せたに違いありません。**たったひと言の「どうして?」という質問が、すばらしい休日を家族で過ごせる第一歩となる**わけです。

しかし、「のんびり過ごしたい」というお父さんのニーズを100パーセント飲んだら、子どもたちを自然のなかで遊ばせることができませんから、こちらのニーズが満たされません。

さあ、ここからは次のステップです。


「そっか、のんびりしたいんだね。いつもお疲れさま。じゃあ、最初の2日間は思いっ切りのんびりして、あとの3日間は遊ぶっていうのはどう?」

「もし軽井沢に、子どもが喜びそうなアスレチックがあったら、どうかな?」

「もし軽井沢に、よさそうなキャンプ場があったら、どうかな?」


理解と共感(労《ねぎら》い)を示しつつ、こんなふうに、自分のニーズを満たす案を示していけば、「うーん、それはどうかな」「ああ、それならいいかも」など、何かしら反応が得られるでしょう。

それを見ながら、プランを練っていけばいいのです。ちなみに、今、挙げたように「もし〜」と条件を示していくのも、先ほどご紹介した「どうして?」と聞くのも、どちらも交渉テクニックです。詳しくは2章以降でご説明します。

というわけで、適切な交渉を経ていれば、この家族は、誰も不満を抱くことなく、みなのニーズが満たされた楽しい休暇を過ごせたはずです。

私たち人間は「社会的動物」です。

つまり、絶えず人と触れ合い、協力しながら生活している。そういう存在である以上、探り合ったり話し合ったりして、双方にとっての「最適解」を見つけるというプロセスは、つねについて回ります。

私たちの生活は、ビジネスもプライベートも「交渉だらけ」なのです。

交渉上手のポイント

人生は「交渉の連続」である

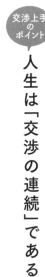

なぜ「本音」で話せないのか？

交渉の大半を占めるのは、「相手の情報や本音を探り出すための駆け引き」です。

実際、**相手の情報や本音さえわかってしまえば、交渉のハードルはぐっと下がります。**その情報や本音をどれくらい受け入れ、合意に持っていくかというのは、交渉の最終段階であり、比較的簡単なことなのです。

私たち弁護士の間でも、相手が旧知の弁護士であるほど、交渉は進めやすいものです。最初から、駆け引きなしの「ぶっちゃけトーク」ができるからです。

私のこれまでの経験では、3分で交渉成立というのが最短です。

相手は私の出身事務所にいた先輩弁護士で、私の師匠筋にあたる人でした。

こちらの依頼者はA社の元従業員。未払いの時間外手当をA社に求めていました。そして、A社が依頼した弁護士が私の先輩だったわけです。ある日、その先輩から電話がかかってきました。

「嵩原くん、今回、A社から依頼を受けたんだ。よろしく」

「あ、そうなんですね！　よろしくお願いします」

「早速だけど、この件、どうかな？」

「以前、先生に教えていただいたとおりに計算しています。問題になりそうな点もまとめてあります」

そのあと、2、3の法的問題を確認し、交渉は終了。後日裏付け資料は送りましたが、こちらの請求通りの額を支払ってもらえました。

このように、お互いのことをよく知っていれば、トントン拍子に交渉が済んでしまう場合が多くなります。逆にお互いのことをよく知らなければ、「裏の意図の探り合い」になります。最初から正直に話しやすいという点で、やはり旧知の相手のほうが、格段に交渉を進めやすいのです。

これはみなさんにも、思い当たるところがあるのではないでしょうか。

ビジネスでもプライベートでも、気心が知れた間柄ならば、駆け引きは最低限で済みます。ある程度は相手の人柄や考え方がわかっていますし、安心して正直なところを明かせるぶん、手っ取り早く合意に達することができるはずです。

すべての交渉が、こんなふうに進めば苦労はありません。

ただし、そういうわけにはいかないのが現実です。知り合って間もない人や、ちょっと苦手なタイプの人、腹の底が知れない人、「ぶっちゃけ」が難しい目上の人とも、合意形成しなくてはいけない場合がたくさんあります。また、親しい間柄であっても、状況によっては本音を出しづらい場面もあります。

つまり、情報や本音さえつかめれば交渉は簡単だけど、ときには、「ぶっちゃけトーク」ができないこともある。というより、**「ぶっちゃけ」で話せないケースのほうが多い。**だからこそ、テクニックの助けを借りる必要があるというわけです。

交渉上手のポイント

「本音を引き出す」のが交渉の最大の〝ヤマ〟

人それぞれの「戦い方」がある

交渉を「戦い」と捉えると、戦い方は1つではありません。

みなさんが「交渉」といって思い浮かべるのは、論理的に双方の「メリット」を説明し、相手の理解を得ることを目指す**「正面開門型」**でしょう。

しかし、「どんなにこちらが合理的なことを言っていても相手が聞いてくれない」という悩みに直面したことはあると思います。なぜかというと、「正面開門型」で一番重要な「目的の確定」「相手の感情への配慮」などの要素を見落としているからです。

また、みなさんが相手より有利な立場に立っているときは、「この条件を飲まないと取引を停止する」など強硬な態度で交渉に臨む「正面突破型」で交渉していることになります。これは交渉としては楽ですが、感情的なしこりを残し、長期的にはあまりよいとはいえない戦略です。

「正面開門型」とよく似ていますが、こちらから一方的に「合理性」を説明するのではなく、お互いの条件を提示し合う**「陣取り合戦型」**の交渉もあります。この交渉がうまくいかないときは「第三者の専門家、アドバイザー」を入れると一気に解決することがあります。

また「値段交渉」のように、こちらのメリットは直接相手のデメリットになる、という場合には、正面開門型の交渉はすぐに暗礁に乗り上げてしまいますので、また別の戦い方が必要になります。

相手の意表を突く**「搦め手型」**。取引量、支払い条件、著作権の問題など争点になっていなかったことをあえて提示し、考えることを増やしたうえで、もともとの争点への注目を減らしていく**「ゲリラ戦型」**。負けたと見せかけて相手を引き込んで、一気に攻撃に転じる**「引き込み型」**などが有効です。

相手の逃げ道を遠くから気づかれないように埋めていき、一気に本丸を攻める**「大**

坂夏の陣型」、いきなり核心を突く**「ピンポイント型」**は、私が好きな方法です。

相手に納得してもらうという交渉なら、受け入れて少しだけ方向を変えて着地させる**「受け流し型」**もあります。

本書では、こういった「戦い方」をテクニックに落とし込んで具体的にご紹介していきます。

もちろん、それぞれに得意不得意はあると思います。

しかし、「交渉の方法は1つではない」と気づくだけでも楽になりませんか？

また、これらをすべて身につける必要はありません。**それぞれを試してみることで、あなたの得意なファースト交渉法を見つけられればいいのです。**これに加えてあなたの「セカンド交渉法」「サード交渉法」が見つかれば交渉がもっと楽しくなるでしょう。

私も弁護士になってすぐ「戦い方」で壁にぶつかったことがあります。

はじめて就職した弁護士事務所での話です。私の隣の席にいたのが先輩弁護士のH先生でした。当時の私は「この先生から交渉のイロハを学ぼう」と思い、日々の仕事ぶりを徹底的に観察しました。

H先生はとても物静かな人で厳しい交渉の場面でも、声を荒らげることなくとても紳士的に受け答えをしていました。私はその様子を見て、「感情的になったらいけないんだな」と思い、自分も感情を出さない交渉を心がけるようにしました。

しかし、私は話をしていくうちにだんだん熱がこもってくるタイプなので、感情を押し殺すのにかなり苦労しました。それを意識しすぎるあまり、交渉に集中できないなんてことまでありました。

このままではいけないと思った私は「感情を出さない」スタイルから、本来の性格に合った「自分の思いをぶつける」スタイルに変えました。電話口であっても身振り手振りを交えて話し、ときには思わず立ち上がるなど、相手の気持ちを揺さぶる交渉を心がけたのです。

すると、少しずつ自分の望む成果を引き出せることが多くなっていきました。今でもこのやり方は私の交渉のベースになっています。「感情的になるな」というのは、交渉を学ぶ際によく言われること。しかし、「みんなの交渉術」に合わせるのではなく、「自分なりの交渉術」を考えたわけです。

ただ、弁護士としてのキャリアを重ねるうちに、自分の思いをぶつけるだけでは、相手が引いてしまう可能性もあることに気づきました。そんなときはH先生のスタイルを真似して、「なぜここで熱が入るのか」についても冷静に説明するようにしています。

つまり、**自分のタイプに合った、やりやすい交渉法を基本としながら、ときには別の交渉スタイルもサブ的に活用している**のです。

人それぞれ性格が違いますし、相手との関係性、交渉の難易度、譲歩できる度合いなども交渉ごとに異なります。そのなかで、たった1つの戦術で突破しようと考えるほうが、よほど無謀ではないでしょうか。

したがって、まず、さまざまな戦い方を頭に入れておくこと。「この戦術は、こういうとき」「この戦術はこういうとき」と、頭の中の引き出しに1つずつ、整理してしまっておくイメージです。

そして、いざ交渉の場となったときに、「あ、こういう場合は、戦術AとBの合わせ技だ」などと判断し、**頭のなかの引き出しから、適切な戦い方を取り出して活用する。**

これが適時、瞬時にできれば、百戦錬磨の交渉上手になれるのです。

また、実際にテクニックを使ってみると、自分とテクニックとの相性もわかってくるはずです。

「このテクニックは、最初からやりやすかった」「このテクニックは、自分には合わない」などと絞り込んでいくことで、「自分だけの戦術カタログ」ができていくイメージです。

もちろん、これは一朝一夕でできるようになるものではありませんが、**スポーツと同じで楽しみながら場数を踏み、訓練を積み重ねれば、自然と交渉力が身についていく**はずです。

無為無策のまま交渉に臨み続けるか、さまざまな戦術を知り、自分で試行錯誤を重

交渉術を「複数」持っておく

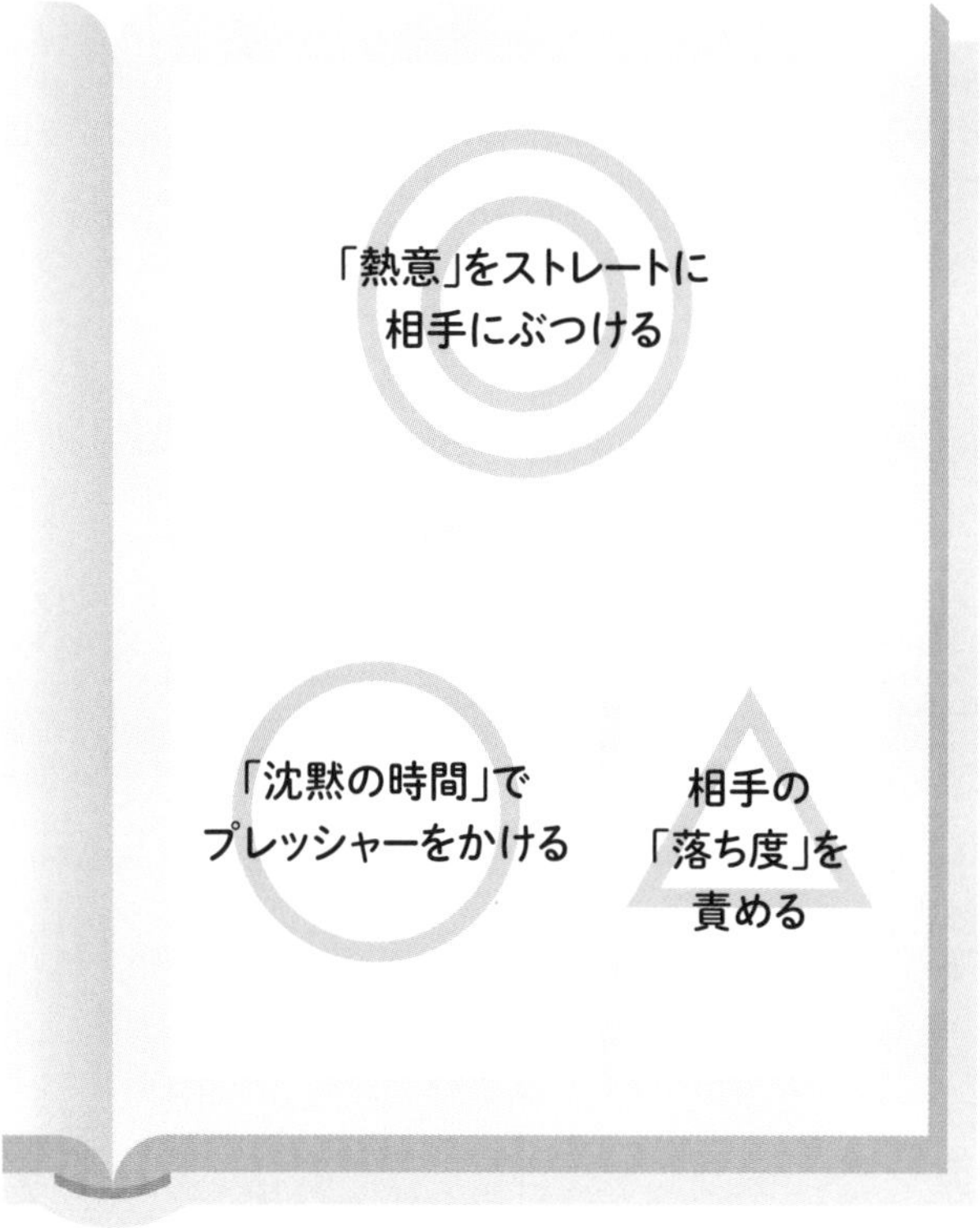
「熱意」をストレートに
相手にぶつける
「沈黙の時間」で
プレッシャーをかける
相手の
「落ち度」を
責める

自分なりの「戦術カタログ」を作る

ねていくか。

このどちらが、本当に「できる人」となり、人生を充実させていけるかといえば、圧倒的に後者であることは、いうまでもないでしょう。

しかも、1つひとつのテクニックは、本当にちょっとしたことなのです。その**ちょっとしたことの積み重ねが、将来的に大きな違いを生んでいく。**それを理解したあなたはもう、交渉上手になる道のりの第一歩を踏み出しています。

交渉上手のポイント

「ちょっとした積み重ね」で交渉上手になれる

結果はすべて「自分しだい」

交渉の結果は、つまるところ2パターンしかありません。

自分に好ましい結果に終わるか、それとも自分に好ましくない結果に終わるか。当然ですが、この2つだけです。そして、その結果は、**すべて自分しだい**で決まります。

たとえば、仕入先に、仕入価格の値下げを申し入れたとしましょう。値下げによって、仕入先の利益は削られてしまいますから、難色を示されて当然です。

では、どうしたらいいでしょうか。考えられる選択肢は3つです。

1つめは「そうですよね、わかりました」と引き下がること。

2つめは「値下げに応じられないなら、もう御社からは仕入れない」と威圧的に出ること。

そして3つめが「じゃあ、こういうのはいかがです?」と、別の可能性を示しつつ、何とか話を通す方向に持っていくこと。


まず1つめの選択肢では、要望を取り下げてしまうわけですから、自分で勝手に「これ以上お願いするのは無理」「相手の気分を害してしまう」として交渉を終了してしまっているだけ。当然ながら、自分に好ましい結果にはなりません。

しかも、会社に帰って上司に「ダメでした」などと報告しようものなら「『ダメでした』じゃないだろう!」と叱られる可能性も高い。安易に引き下がることには、何ひとついいことがありません。

では2つめの選択肢はどうでしょうか。

威圧的に出ることで、相手は顧客を失うことを恐れ、値下げに応じてくれるかもしれません。ただし、間違いなく相手の心証を害することになるでしょう。

心証を害したことが、今後、いざ自分が困ったときに融通を利かせてもらえないなど、悪い形で響いてくることも十分、考えられます。ビジネスパートナーとして良好な関係を保ちたいのなら、あまり賢いやり方とはいえません。

あるいは、今後の関係性にかかわらず、「値下げしてもらう」という目標が達成されるのならヨシ、としましょうか？　それも1つの考え方です。たしかに、交渉相手によっては、相手の利益や事情など顧みずともよい、という場合もあります。

しかし、もっと悪いことに、相手に「これ以上交渉しても無意味」と席を立たれてしまう可能性もあります。相手が激昂し、あっという間に交渉決裂。値下げしてもらえないばかりか、貴重な仕入先を失う、なんてことにもなりかねないのです。

このように、選択肢1でも選択肢2でも、自分に好ましい結果は得られません。

となると残るのは、3つめの選択肢。

難色を示されても、引き下がることなく、かといって威圧的に出るわけでもなく、その場をコントロールして妥結点に持っていく。これが、まさに「交渉するということ」なのです。

もう一度繰り返しますが、交渉をどう持っていくかは、すべて自分しだいです。

交渉とは、もちろん相手のあることですが、どう話をしていくかを選択するのは自分です。ということは、どういう結果に落ち着くかも、すべて「自分が決めている」わけです。

これから交渉のテクニックを身につけることは、すべて自分の責任において、交渉を自在に動かす自由度を高めること、といってもいいでしょう。

交渉上手のポイント

交渉を自分自身でコントロールする

「感情」を制した者が交渉を制する

多くの人が交渉でもっとも恐れていること。それは、おそらく「相手を怒らせること」ではないでしょうか。

せっかく交渉のテーブルについたのに、相手の感情を害して交渉決裂となってしまったら、自分の立場やキャリアも危うくなりかねません。相手を怒らせたくないと思うのは、当然のことです。

ただし、ここからが問題です。

相手を怒らせたくないばっかりに、相手に媚《こ》びてしまう。そして必要以上に譲歩したり、相手の無理難題を受け入れたりしてしまう。

この落とし穴にハマってしまう人は、おそらく「相手は、交渉の内容によって怒る」と思っているのでしょう。

「こんな値段を提示したら、相手は怒るかもしれない」「提示された条件に難色を示したら、相手は怒るかもしれない」という不安がある。だから、言うべきことも言えずに迎合してしまうのです。

しかし多くの場合、**人が怒りを感じるのは、じつは交渉の内容そのものではありません。**たとえ、まったく意に沿わぬ条件を提示されたとしても、人が怒りを感じるポイントは、そこではないのです。

では、相手が何に怒るかといえば単純な話です。

相手が怒るのは、こちらの言い方や態度に対してです。つまり、同じことを伝えるにしても、どんな言い方をするか、どんな態度を見せるかによって、相手に受け入れてもらえるか、それとも席を立たれてしまうかに分かれるということです。

したがって、相手を怒らせないように、言葉や態度に配慮する。これは大正解です。

一方、相手を怒らせないように媚び、迎合するのは不正解。感情に配慮するのと、迎合するのとは、まったく別ものなのです。

私は以前、メーカーと卸売業者の値段交渉に立ち会ったことがあるのですが、メーカー側の責任者だったG部長の言葉と態度は見事でした。

細かい条件の詰めが終わり、いよいよ本題の値段交渉に移ろうというとき、それまでずっとニコニコしていたG部長が急に真顔になってこう切り出したのです。

「御社には大変お世話になっています。こちらはこれからも一緒にやっていきたい。しかし、これから私が言うことにはご気分を害するかもしれません。申し訳ありません」

そして大きく息を吸って、

「じつは、私たちは御社の条件を満たす製品を提供するためには、○○円という金額を下回ることができないのです。まずは説明を聞いてください」

と前置きを伝えてから、その理由を話し始めたのです。卸売業者側の担当者は、G部長の言葉に聞き入っていました。G部長が話し終えると、彼らは神妙な面持ちで、

「ご事情はよくわかりました。いい話とは言えませんが、弊社も、御社と長くお付き合いしたいと思っていますので、社内で前向きに検討させていただきます」

と答えていました。

数日後、卸売業者側からＯＫが出て、無事交渉成立となったようです。

はじめに「これから一緒にやっていきたい」と伝え、相手の立場を配慮しつつ、先に真摯に謝罪したこと。本題に入る前に、「大きく息を吸う」ことで、「伝えるのがとても心苦しいが、言わないといけない」という感情を相手に示したこと。まさに相手に自分の誠実さを伝える交渉でした。

もし、Ｇ部長が、態度を変えず、前置きも話さず、いきなり本題に入っていたら、相手の態度は硬化していた可能性が高いと思います。

最初に誠実な態度と言葉を見せたことで、相手に「この人の言うことをしっかり受け止めよう」と思わせたのです。このように、雰囲気を一変させることで、相手に「聞く準備」をさせることは重要です。

逆に、言いにくい話になったとたん、おどおどして、卑屈な態度で切り出す人もいますが、これは「不誠実なイメージ」を与えるので避けたほうがいいでしょう。

日本人は「世間の空気を読んで生きる」ことを何よりも重視するように子どもの頃から教育されているので、「相手にとってマイナスになることを伝えて、波風を立てたくない」と考えがちです。

私の周りでも、ある人が、提示すると決めていた条件を言い出せないまま、相手のなすがままに話をまとめてしまったことがありました。理由を聞くと「行ってみたら、とてもいい雰囲気だったので、それを壊したくなくて……」と言います。

大事なのは、**伝えにくい内容ほど、「誠実」に、「誤解を生まないよう」に、「真の意図を明確」に伝える**こと。このコツを忘れなければ、たとえ相手に不利な交渉であっても、怒らせることなく進めることができます。そんな交渉の技術によって感情を制した者こそが、交渉を制するというわけです。

交渉上手のポイント

相手が怒るのは「内容」ではなく「言い方・態度」

「誰を満足させるのか」──まず、ここから始めよう

交渉で、まず重要になるのは**「誰を満足させるのか」を見極める**ことです。この時点で、交渉の成否の半分が決まるといってしまってもいいくらいです。

では、誰を満足させるのか。大きく3パターンに分けて考えておくといいでしょう。

1つめは、**「相手も自分も満足させる」**というパターン。

たとえば、良好な取引関係を継続させたい相手とは、1つの交渉で利害がぶつかっても決裂となるのは避けたいところです。ここで必要になるのは、自分の利益を確保しつつ、かといって相手にとってもメリットになるような道を探ることです。

相手の言いなりになるのではなく、満足させながらも1つ上を行く、そんな合意形

成の技術です。

2つめは、**「自分を満足させる」**というパターン。これは、1つめのパターンとは打って変わって、自分側の要求を押し通すというものです。

たとえば、絶対に譲れない条件がある場合や、今後の関係性が危うくなろうとも、ある条件で押し切りたい場合など、ときには、相手の利益など顧みずに交渉しなくてはいけないこともあります。

そんなときに、相手によって交渉の成否が左右されてしまうのは、誰だって不本意でしょう。**どんなに手強い相手でも、思い通りに動かす。**そういう技術を身につければ、ビジネスでもプライベートでも、いろいろな可能性が広がっていくはずです。

そして3つめは、**「相手を満足させる」**というパターン。これは相手の要望に徹底的に応えるということです。

「相手の言う通りにすればいいのだから、一番簡単そう」と思ったかもしれませんが、これにも相応のテクニックが必要です。というのも、**真の意味で「相手の言う通りにする」には、「相手から〝本当の〟ニーズを聞き出す必要がある」**からです。

誰もが、自分のニーズを把握していて、なおかつ、自らわかりやすく話してくれるとは限りません。

むしろ、把握しているようで把握していない、じつは自分では認識していない潜在的なニーズがある、うまく言葉にできない――そういう人のほうが多いので、「真のニーズは?」と考えるクセがつけば、あなたは「交渉上手」にグッと近づけます。

「相手の言う通りにする」のは「相手の言いなり」とはまったく違います。相手の言う通りにそのまま行動するのは「言いなり」。そうではなくて、「相手がなぜそれを求めるのだろう?」といったん考えるようにして**相手も気づいていない「真の目的」を発見し、それをかなえる行動をする。**これが本当の意味での「相手の言う通りにする」ということなのです。

相手も把握していないニーズを引き出すというのはかなり難易度が高いですが、まずは結果が出なくても、それを考えるクセをつければ大丈夫。試行錯誤を繰り返して

「誰を満足させるのか」を見極める

Ⅰ.相手も自分も満足させる

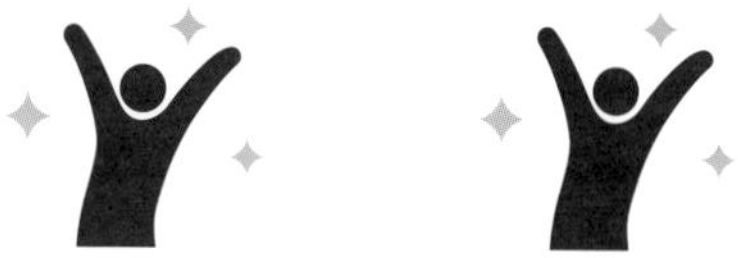

双方に利益をもたらす

Ⅱ.自分を満足させる

要求を押し通す

Ⅲ.相手を満足させる

ニーズを引き出す

いくうちに、少しずつ「本音」が見えてくるようになるはずです。
接し方1つ、問いかけ方1つでも、聞き出せることの幅は大きく広がります。相手のニーズを徹底的に聞き出し、今までにないくらいに満足度を高める、そういう技術も、ぜひ身につけてください。

本書の2章以降の章立ては、いま説明した3つのパターンに沿い、2章は「相手を満足させつつ、1つ上を行く合意形成の技術」、3章は「手強い相手を思い通りに動かす技術」、4章は「徹底的に本音を聞き出す技術」となっています。
章ごとにまとめて頭の中の引き出しにしまっておいて、いざ交渉に臨むというときには、まず「これは誰を満足させる交渉か」と考えてみてください。それに応じて、頭の引き出しから適切な技術を取り出せるようになれたら、もうあなたに怖いものはありません。

交渉上手のポイント

交渉のスタートはまず「目的の設定」から

「交渉下手」が陥る二大パターン

自分と相手の両方を満足させるか、自分を満足させるか、相手を満足させるか――満足させる人が違えば、当然、用いるべき技術もまったく違います。

一方、すべての交渉に共通して、2つほど注意してほしいことがあります。いずれも交渉下手が陥りやすいパターンです。具体的なテクニックに入る前のウォーミングアップがてら、ここでまとめておきましょう。

まず1つめは、条件を「小出しにする」というパターン。

たとえば、こちらが譲歩しなければいけないときに、1割譲歩する案、2割譲歩する案、3割譲歩する案があったとします。値段交渉などでは、よくある話でしょう。

譲歩する割合は少ないほうが、当然、こちらの利益減は軽く済みます。だから多くの人は、まず1割譲歩を提示し、それでダメなら2割譲歩、それでもダメなら3割譲歩と、条件を小出しにします。

しかし、こういう進め方をするのは、じつは交渉上手とはいえません。

仮に最大限に譲歩できるのが3割ならば、じつは最初から3割譲歩を提示してしまったほうがいい。少なくとも、2割5分までは一気に譲歩してください。すると結果的には、こちらに有利に交渉を運べることが多いのです。

こう聞いて、驚かれたかもしれません。

「最初からギリギリのところを提示して、それ以上の譲歩を求められたらあとがないのでは？　そんな危険な橋を渡るのが交渉上手なの？」――こんなふうに思った人は、もう少し大局的にものを考えるクセをつける必要がありそうです。

こちらが譲歩する場合、相手は、決まって「これくらいなら行けるだろう」という予測を立てています。

そしてその予測は、たいていは、こちらの「ギリギリよりも、ちょっと手前」であることが多い。先ほど挙げた1割譲歩、2割譲歩、3割譲歩でいうと、先方は「2割譲歩が落としどころ」と考えているということです。

そこで、こちらが最初に3割譲歩を提示したら、相手はどう思うでしょうか。おそらく、「え、そんなに譲歩してもらっていいの？」と驚き、感謝すらするでしょう。

柔道に「出足払い」という技があります。相手が前に出てきた際、それをぐっと引き込み、思わず大きく踏み出した足を横になぎ払って投げる技です。私にとっての譲歩とはこういうイメージです。相手が考えていた以上の譲歩を見せることで、逆に自分のペースに持ち込めます。**こちらが譲歩をするときには「相手の予想を上回る」「相手にサプライズを与える」ことがポイント**なのです。

1つの交渉で合意する点は1つだけではありません。値段もあれば、契約形態もあったり、契約期間もあったりと、さまざまな条件を詰める必要があります。

そこでまず、**1つの点で、相手の予測を上回るほど相手に有利な案を提示すると、**

その他の条件については、格段に、こちらの思い通りに持っていきやすくなるのです。

たとえば大幅に値引きしてあげることで、通常は2年契約のところを4年契約にしてもらうなどといった交渉が比較的簡単に達成できるようになります。

もちろん、最初に提示する条件によって、こちらが大きな損害を被るようでは本末転倒です。

そこはしっかりとプランを練ってから交渉に臨む必要がありますが、「なるべく痛みが少ないところから提示する」という発想の「小出し交渉」は避けたほうがいいということは、ぜひ覚えておいてください。

もう1つ、交渉下手が陥りがちなのは、「今回だけは」という条件付きで、かなり痛い譲歩をしてしまうことです。

これは、「まず取引関係を作ることが先決」「そのためには、初回は大幅なサービスも必要」と考えたときなどに、陥りやすいパターンです。

「次から正規の条件で取引できれば、今回の損害はカバーできる」というわけですが、逆の立場で考えてみると、どうでしょう。

たとえば一度「3割引」で買えたものを、次に取引するときに、10割の値段で買う気になるでしょうか。「前回、3割引でいけたんだから、今回も同様にお願いしますよ」と言いたくなるでしょう。

このように、人は最初に味わったうまみを、なかなか捨てられないものです。こちらは「初回だけの出血大サービス」のつもりが、先方にとっては、その条件が「既得権益」に変わってしまうのです。

もし、「今回だけ譲っておきます」という交渉をするのなら、「次回からは正規の条件で取引する」というところまで、きっちり契約を結んでおくべきです。こういった**「大幅譲歩のときに次回の条件を確認しておく」というのは「できればそうしてほしい」ものではなく、「絶対そうしなければならない」もの**です。

そこまでしないと、先方からは何食わぬ顔で「前回と同様でお願いしますよ」と求められ、上司からは「なんで、そんな条件を飲んだんだ！」と詰められ……という板挟みになりかねません。

退職を会社に申し出たものの失敗してしまい、私に依頼してくる方は大勢いらっしゃいますが、彼らのなかにも、譲歩のやり方を間違えたことで、苦しい思いをしてしまっている人が少なくありません。

たとえば、こんな人がいました。会社に「部署の仕事量に対して、人員が少なすぎるので、新しく何人か採用してほしい」と相談したところ、「今月は何とか今いるメンバーで乗り切ってくれないか」と言われ、しぶしぶ従った。しかし、翌月以降も人を増やしてくれることはなく、過重労働から体を壊してしまった……。

これはまさに、次回の条件を確認せずに譲歩してしまった例でしょう。きちんと書面で「部署の人員を来月までに増やす」ことを会社側に〝明確に〟約束させれば、体を壊すこともなかったかもしれません。

「今回だけ」という安易な判断が、地獄の入り口になってしまうことも多いのです。

交渉上手のポイント

「小出し」と「今回だけ」は絶対NG

やってはいけない「交渉」

Ⅰ.「小出し」交渉

「少しずつ譲歩」では主導権を握れない

Ⅱ.「初回だけ」交渉

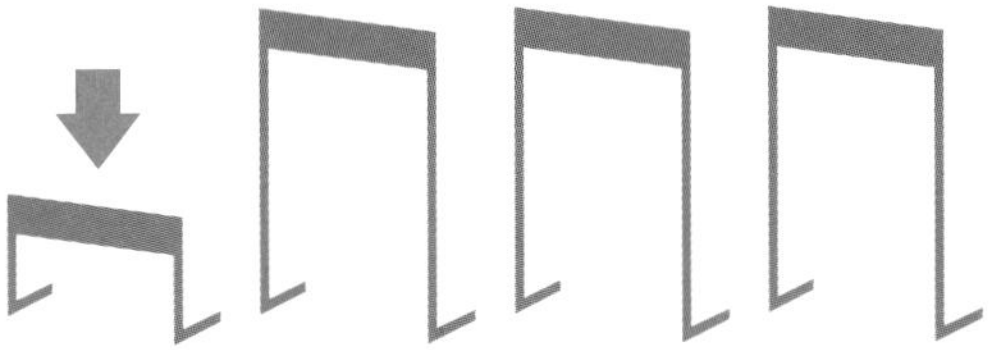

「次回から元通り」にはならない

2章

「合意形成を導く」技術

——「満足」させつつ「ちょっと上」を行く

いかに「ウィン・ウィン」に持っていくか

本章で身につけていくのは「合意形成を導く」技術。

その最大のポイントは、相手と自分が「ウィン・ウィン」になることです。

交渉は本来、勝ち負けではありません。これから末永く付き合っていきたい相手ならば、なおのこと「相手にもよし、自分にもよし」、つまり「両方とも勝つ＝ウィン・ウィン」で合意できることが一番です。

ではもう一歩踏み込んで、「ウィン・ウィンの合意形成」とは何でしょう。

それは「目的探し」から始まります。自分は1の方向に進みたい、しかし相手は2の方向を目指したい。お互いに主張するだけでは平行線ですが、それを超え、**双方が満足して進める方向を導き出すことが、「ウィン・ウィンの合意形成」**です。

そのためには、ときに相手を操り、情報を引き出し、「ウィン・ウィンと思ってもらう」ことも必要です。本章では、そんな「ウィン・ウィンの合意形成」を導くテクニックを紹介していきましょう。

「第三の解決法」で突破口を開く

交渉は「勝ち負け」ではなく、互いに「ウィン・ウィン」の合意形成をすること。とくに交渉相手と良好な関係を築き、持続させたい場合には、この前提意識を持つことが重要です。

では、どうしたら「ウィン・ウィン」に持っていけるでしょうか。それは、**「第三の解決策」を提示する**ことです。

平行線になりそうな相手と「ウィン・ウィン」の関係になることは難しい。つまり、31ページで紹介した「正面開門型」は通用しないわけです。だから、そういうときはまず「第三の解決法を提示する」ことを考えます。

私が実際に相談を受けた実例を元に説明しましょう。

依頼者は機械の部品を製造している工場の社長でした。

あるとき、納入先の企業から値下げを要求されたのですが、もともとから原価ギリギリの価格設定であり、少しの値下げもできません。

ここで論点となっているのは「価格」です。しかし、その「価格」において、こちらとしては、まったく譲歩できる余地がない。

となれば、交渉に入っても、「下げてくれ」「いや、下げられない」という平行線になるだけです。

しかも、こちらは受注側です。価格交渉で対立が続いたら、「もういい、お宅からは買わない」と契約を切られてしまうかもしれません。

相談を受けて私はまず「なぜ急に相手は価格交渉を始めたのか?」を考えることにしました。社長に「納入先の企業に最近変わったことはなかったか」と聞くと、「そういえば、最近サービス残業の改善を複数の社員から求められていて困っているという話をきいたなあ」という答えが返ってきました。

その話を聞いて、なぜ、急に値下げ要求をしてきたのかが見えてきました。残業代の捻出のために原価削減の必要があったのです。

先方の事情がわかれば、解決法が見えてきます。

目を付けたのは、相手企業の注文システムです。この時代に、なんと、いまだに手書きの注文書で発注していたのです。

手書きだと、あとから注文の確認や変更を行う際に、分厚いファイルを開いて何枚もページを繰らなくてはなりません。

工場の社長によると、注文が入るたび工程表にも書き写して先方に送り、それを先方がチェックしてFAXで送り返す……という一連の作業を、前々からとても非効率だと感じていたそうです。

こんな効率の悪い注文システムを使っていることで、相手企業の社員はサービス残業をしなければ利益の出ない状況に追い込まれているのでしょう。

ずっとシステムを変えたいと思いながらも、そこに人的・金銭的リソースを割けないのか、単に面倒なだけなのか――理由はともかく、なかば惰性で手書きの注文書を使い続けているのではないか。

そんな思惑から、社長を通じて「ところで、御社では手書きの注文書を使っていますが、そろそろオンラインに切り替えませんか？　うちで簡単なソフトを作ります。そうすれば手間がかなり減って社員の残業も少なくなりますよ」と提案してもらいました。すると、相手も大いに乗り気になってくれました。

相手は「人件費対策」として「仕入れ値の値下げ」を要求しているにすぎません。そこで、「値下げ交渉」から離れ、「注文システム」に焦点を当てることで、「注文システム切り替えによる人件費削減」という第三の解決策が見えてくるのです。

実際に簡単なソフトを作成し、導入してみると、相手企業では「何を、どれだけ注文したのか」「何が、どれだけ進んでいるのか」が一目瞭然となり、修正も簡単で「格段に発注を管理しやすくなった」と、非常に喜ばれました。

手書きの注文書の作成や管理のために使っていた時間が大幅に短縮され、その結果、人件費も削減されたようで、値下げの話はどこかに消えました。それどころか、他社に依頼していた製品まで回ってきて、取引が増えました。

値段交渉を例に挙げましたが、一事が万事で、交渉で話し合われることは、「それを成し遂げたことで達成される、さらに先の目的」のためであることが大半です。

つまり、**交渉の内容は、その場においては「目的」のように見えても、じつは、本当の目的を達成する「手段」でしかないケースがほとんど**なのです。

ならば「先方の本当の目的は何か」と考え、注意深く聞き出し、別の手段（自分側の利益も確保できる手段）で、本当の目的を達成することを考えればいい。この発想が、本当の「ウィン・ウィン」の合意形成へと至る突破口となるのです。

交渉上手のテクニック

「本当の目的」を達成させる

行き詰まったら「当初の目的」に戻る

交渉の場において、お互いの主張がぶつかり平行線になってしまうことはよくあります。こういった状況のときに一度試してみてほしいことがあります。**「当初の目的は何か」というのを確認し合う**のです。

何度も話し合いを重ねていくうちに、最初は明確だった目的が徐々に頭のなかから抜け落ちてしまうことがあります。そうなると、だんだん話し合いの方向性がずれ、お互い当初の目的とは全然違うことを一生懸命話していることがあります。

そうした交渉のずれをなくすために、定期的に「何を合意すべきか」を確認することが大切です。そこで私がおすすめしたいのは、**交渉が行き詰まったタイミングで確認することです。**

交渉がうまく進まないときは、何か空気を変えるきっかけが欲しいでしょう。「ちょっとここで、今回の目的を確認し直しませんか」というひと言を、そのきっかけにするのです。もしかすると、当初の目的とは全然関係ないところでストップしていることに気づくかもしれません。その場合は、仕切り直して、また新たに合意に向けた交渉を始めることができます。

「交渉の目的がわからなくなるなんてありえない」と思うかもしれませんが、実際はよく起こることです。とくに、**お互いがヒートアップしているときは注意が必要**です。

私が会社と労働組合との団体交渉に参加したときの話です。私は会社から依頼を受け、経営陣と労働組合の話し合いに立ち会いました。

その交渉の場で、労働組合は「従業員のAさんは希望する仕事が与えられていない。これはパワハラだ」と主張してきました。

経営陣は、Aさんの希望する職務は専門的な知識と能力が必要で、Aさんの知識量やスキルは到底その仕事を任せられるレベルではないと考えていました。

労働組合側は、Ａさんが日々どれだけ不当に扱われているかをまくし立てます。経営者側もヒートアップしてＡさんの至らない点を次々挙げ始めていきます。

私は、しばらく黙ってその様子を見ていましたが、このままでは両者の溝が深まるばかりで話が一向に進まないので、間に入ることにしました。

「みなさん、この団体交渉の目的はＡさんの処遇の改善ですよね？　まずはそこを話し合いませんか」と**当初の目的に引き戻した**のです。

そのうえで、

「Ａさん側は希望の職務に就きたい、会社側は知識と能力が足りない、ということですね？」

とお互いの主張を整理し、

「もし、必要な知識と能力が身についたらどうでしょうか？」「その確認方法は」「Ａさん側ができることは？」「会社側ができることは？」

などを、順を追って会社と労働組合それぞれに確認しました。

最終的に、会社の用意した試験に合格することをゴールにし、Ａさんは業務時間外に勉強すること、週に一回、Aさんが先輩社員に質問する時間を設けることなどを取り決めることができました。

会社側も準備は必要だったものの、労働組合と平行線の話し合いを続けるよりはどう考えても効率的です。数か月後、Aさんは、このチャンスを見事にものにし、試験に合格。今は希望の仕事で貴重な戦力として活躍しているようです。

私が当初の目的を投げかけたことで、ヒートアップしていた場を鎮め、お互いが満足できる合意に持ち込むことができたのです。

交渉に行き詰まりを感じたときは、ぜひ、「目的は何か」を確認するようにしてみてください。それがきっと打開のきっかけとなってくれます。

交渉上手のテクニック

「今回の目的を確認しませんか」と提案する

「相手は合理的」という前提に立つ

交渉では、相手の立場からものを考えることが欠かせません。

その具体的なテクニックも紹介していきますが、まず前提として大切なのは、**「相手は、相手なりの合理性に基づいて話しているんだ」という認識を持つ**こと、そして「相手の合理性は、どこにあるのか」と考えてみることです。

先日読んだ本に「第二次世界大戦の日本軍の作戦は、すべて合理的だった」という話が書かれていました。

玉砕必至の無謀な作戦が合理的だったとは、いったいどういうわけでしょうか。

ここでカギとなるのは、**「誰にとって合理的だったか」という視点**です。

あとから客観的に見れば、圧倒的不利な戦局にもかかわらず、撤退せずに進軍を続けるのは、議論の余地がないくらい不合理です。

しかし、そのとき、その場で指揮をとっていた上官に、「ここで撤退したら自分のキャリアに傷がつく」「撤退は不名誉なことである」という考えがあったとしたら、「撤退せずに進軍」は合理的判断だったということになります。

たとえ、そのために1万人の兵士の命が奪われたとしても、その上官にとっては「合理的だった」といえるのです。

こうした合理性は、どう考えても許容できるものではないでしょう。ただ、繰り返しますが、ここで理解していただきたいのは、**客観的に見れば不合理な話でも、当事者にとっては合理的である、という視点を持つことの重要性**です。

こちらにとっては理不尽な話でも、相手は相手なりの合理性に基づいて話している。そんな相手に、いくら「理不尽だ、不合理だ」と責めても、相手の心には響かないので、相手を動かすことはできないのです。

では、仮に、「徹底せずに進軍」という判断を下している上官に、撤退を決断させるとしたら、どう説得したらいいでしょうか。

この上官にとって、大事なのは「キャリア」と「名誉」です。つまり、「撤退したほうがキャリアアップにつながり、名誉も守られる」と説得しなければ、「進軍」から「撤退」へと翻意させることはできません。

つまり、**「相手にとっては合理的なんだ」という視点を持ち、「どの点で合理的なんだろう？」と考えてみると、相手の本当のニーズや目的が見えてくる**ということです。それが交渉の突破口になるのです。

戦争の話はさておき、ビジネスシーンの交渉でも考えてみましょう。

たとえば、相手が発注者、こちらが受注者だとして、「50％の値下げ」を要求されたとします。

半額に値下げするなど、こちらからすれば、とんでもない話です。

しかし、もし、先方の担当者が「最近、大きな失敗をして、何か大きな成果を挙げないと社内評価が下がってしまう」という事情を抱えていたら、どうでしょう。

あるいは、もし先方の企業が、「今までの半額で仕入れないと経営が悪化し、倒産するかもしれない」という事情を抱えているとしたら、どうでしょうか。

50％の値引きを要求するのは、「大きな成果で失敗を補填して、社内評価が下がらないようにしたい」「何としても経営を守りたい」――「そのために思い切った値下げを要求する」という、合理性に基づいた話になります。

ここで、もし、こちらが「どんな話も相手にとっては合理的」という視点を持ち合わせていれば、「これは、何か事情があるんだな」と、すぐに察しがつくようになるでしょう。

さらに「相手の合理性はどこにあるんだろう？」と考え、相手から事情を聞き出す技術があれば、「そんなに値下げするのは無理です！」と突っぱねる以外の選択肢が選べるはずです。

相手の本当の目的は「仕入れ価格を下げること」そのものではなく、その結果として「失敗を補填すること」「経営を守ること」にあるとわかれば、値下げ以外の協力の形を探ることができるからです。

相手の合理性には、相手のニーズが隠れています。

そこを引き出すことができれば、あとは、ニーズをくすぐってあげるだけ。その際には、前にご紹介した「第三の解決法」を探るやり方などが役に立つでしょう。

「相手なりの合理性」を理解したうえで交渉を進めると、「自分の合理性だけ」で交渉を進めるよりも、はるかにスムーズで、なおかつお互いに満足度の高い結果を導くことができるのです。

交渉上手のテクニック

「相手の合理性」から「ニーズ」を引き出す

態度、言葉、服装で「警戒心」を解く

交渉では、カッチリした服装、言葉、態度で、最大限に賢く見せなければ――。

そうすることで、「相手にスキを見せないようにしたい」と思っている人は多いことと思います。しかし、これが逆効果になる場合があるのです。

何かを提案する側でも提案される側でも、相手は、交渉の席についた時点で少なからず「警戒」しています。

「こちらの提案に、どんな反応を示すだろうか」

「いったい、どんなことを提案されるのだろうか」

そんな相手の警戒心が、こちらのカッチリした、いかにも賢そうな態度、言葉、服装によって、いっそう強まってしまうことも考えられます。

すると相手の口が重たくなり、こちらは一向にニーズをつかめないまま、通る話も通らなくなってしまう。そんな恐れがあるのです。

相手に口を開いてもらい、「ざっくばらん」に話せるようにするには、少しラフな服装で行ったり、多少砕けた口調で話したりと、**むしろスキを見せることも有効**です。

私の周りにも、この点で非常に交渉上手だなと思う人がいます。

たとえば、弁護士のT先生は、私より何十年もキャリアの長い大先輩であるにもかかわらず、決してベテラン風を吹かせません。

弁護士というと、つねに「上から話す」イメージがあるかもしれませんが、T先生は、対立しているはずの相手の代理人に対してすら、居丈高に振る舞いません。

ノータイでフラリと先方の事務所に立ち寄ったかと思うと、「ごめんなさいね、こういう場合って、どんな書類が必要でしたっけ?」「いつも、どうされてます?」などと平気で聞いたりします。

相手も、そう来られると、つい警戒心を緩めて「ああ、それだと、こういう書類があれば通りますね」などと余計なことまで教えてしまうのです。

ご本人に確認したことはないのですが、T先生がベテラン風を吹かせないのは、おそらく、そういう「性格」だからではありません。相手の警戒心を解き、情報を引き出すための1つの「戦略」なのではないかと、私は見ています。しかし、それがわかっている私でも、T先生との交渉ではつい心を許してしまうのです。

そういう私自身も、**合意形成が難しそうな相手と交渉するときほど、態度、服装、言葉遣いはラフにする**ように心がけます。

相手に不快感を与えないように、TPOをわきまえなくてはなりませんが、ノータイで行く、カッチリした敬語はほどほどにして「どうもすみません～」など軽いノリで話し始める、わざとガチャガチャとファイルや文房具を落として「どん臭さ」を演出する……など。

弁護士は、とりわけ「弁護士＝話術に長けた人たち＝丸め込まれてなるものか！」と警戒されやすい職業です。

その心理的な壁を突破しないと、交渉を進めようにも、うまく進められない。私の仕事は、まず相手の警戒心を解くことから始まるといっても過言ではありません。

相手を満足させつつ、1つ上を行く合意形成をしていくには、まず、相手のニーズを的確につかむ必要があります。向こうから話してくれればラクなのですが、そういうケースばかりとは限りません。

ここでとるべき態度は何かというと、単純な話です。

わからないことは、相手に教わるしかありません。つまり**「教えてください」というマジックワードは、相手のニーズを探る簡単で強力な武器**なのです。じつは、先ほどのT先生はこれも最大限に利用しています。

そういう意味でも、カッチリとした服装、言葉、態度で自分を賢そうに見せるのは、やはり得策とはいえません。そこは、「あえてラフに」と心得る。こうして、まず服装や態度、言葉遣いによって相手の警戒心を解くと、格段に、こちらの「教えてください」に答えてもらいやすくなるのです。

交渉上手のテクニック

〝あえてラフに〟して、聞きやすい状況を作る

「誰と合意するか」を明確にする

「自分もよし、相手もよし」という「ウィン・ウィン」の合意は、相手と自分の事情をお互いに理解していないと到達できません。

ただし、1章でもお伝えしたように、正面切って尋ねてみても、細かい事情まで教えない場合もあります。

そこで1つ、おすすめしたいのは「誰と合意するのか」を明確にする、というテクニックです。交渉は目の前の相手とするものですが、じつは「交渉する相手＝合意する相手」とは限りません。

経営者レベルの人間が直に交渉するのは例外的であり、多くの場合、交渉にあたるのは担当者です。読者のみなさんも、その案件のイチ担当者として交渉に臨む場合がほとんどでしょう。

担当者とは、言い換えれば「窓口」、つまり「上司や会社を代弁する立場」です。

ということはつまり、**担当者同士で交渉している場合、合意する相手は、目の前の担当者ではなく、その担当者のバックにいる上司であり、会社**なのです。

当たり前といえば当たり前の話ですが、この点をしっかり認識できていると、交渉の際の話し方にも、違いが出てくるはずです。

たとえば、「でも、御社もコストカットが課題なんですよね。上司の方から、ぶっちゃけ、どれくらい下げてこいって言われてます?」という具合に、相手のバックにいる上司、会社の存在に言及するのです。

このように、お互いに「目の前の担当者のバックにいる存在と合意しようとしている」ことが明確になれば、より「ウィン・ウィン」の合意に達しやすくなります。

たとえば、

「合意する相手」を間違えない

Ⅰ.「相手の上司」の存在に言及する

上司の方から
どう言われて
いますか?

Ⅱ.「踏み込んだ話」を引き出す

じつは、
コストカットを
求められていて……

「本当の交渉相手」を見極める

「じつは近々、海外進出する計画が進んでいまして、そこにコストがかかるぶん、仕入れのコストカットを求められていまして……」

「じつは社内の部署同士でコストカット幅を競っている感じもありまして……」

というような、より踏み込んだ話や、今までは明かされていなかった相手の内情なども聞こえてくるようになります。

合意形成は、いってしまえば情報収集が一番のカギです。相手が情報を明かしてくれるほどに、進めやすくなる。**誰と合意するのかを明確にすることがお互いが得をする合意形成の糸口となる**わけです。

交渉上手のテクニック

「合意する相手」を見定め、正確な情報を集める

「決裁権がない」カードの使い方

前項でも触れたように、交渉の担当者は、「会社の窓口」であり、最終的な決裁権はもっていない場合が大半でしょう。

「決裁権がない」ことを逆手にとって、交渉のカードとして使う方法があります。

「私はいいと思うのですが、上が難色を示してまして……」という具合に、「自分は賛成、上司は反対」という立場をとるということです。

もしかしたら、この手はすでに使ったことがある、という人が多いかもしれません。

「でも、うまくいった試しがない」――そんな声もたくさん聞こえてきそうですが、失敗の要因は、おそらく、このカードの使い方を間違えていることです。

「自分には決裁権がない」というのは、たしかに、相手にフラストレーションを与える言い方です。

「あなたでは話にならない。だったら決裁権のある人を連れてきてよ」と思われても無理はありません。実際に、そう言われて言葉に詰まってしまった、なんて苦い経験がある人もいるでしょう。

なぜ、そうなってしまうのかというと、「決裁権がない」と示すことで、逃げているように見えるからです。

逃げようとしている人に向かって、何を話しても無駄。相手の立場からすれば、そう思うのも当然ではないでしょうか。

したがって、**「決裁権がない」カードを切るときのポイントは、「逃げ」に見せないこと。**「上は難色を示しているが、解決したい」「ついては、解決するための材料をくれないか?」という積極姿勢を見せれば、相手も乗ってくるはずです。

自分の上司を、相手と自分の前に立ちはだかった「難攻不落の敵」と見立て、「さて、どう攻めましょうか」と共同戦線を張ってしまえばいいというわけです。

すると、相手にとって、あなたは「敵を代表するもの」ではなく、一緒に敵を攻め落とす「共犯者」であり、敵を説得してくれる「心強い味方」になります。

この意識転換が潤滑剤となり、一気に交渉を進めやすくなるというわけです。


私も弁護士の仕事のときに、よくこのテクニックを使っています。

自動車同士の衝突事故の交渉を担当したときの話です。保険会社から依頼を受けたのですが、担当者によると、交渉相手である被害者側の運転手が事故の詳細についてなかなか話してくれないというのです。

私はすぐにこの運転手に話を聞きに行ったのですが、たしかに何を聞いてもぼんやりとした回答しか返ってきません。

事故の過失割合に関する話題になると、体が緊張して、とくに口が重くなるようでした。その様子を見て、「保険会社から自分にも過失があると認定されて賠償金が受け取れないことを恐れている」のではないかと気づきました。

そこで、保険会社を「敵」に見立てることにしたのです。そして次のように伝えました。

「僕はあなたにいくら払うかを決めることはできないけど、一緒に保険会社を説得することはできる。どうしたら保険会社を説得できるか考えましょう」

これを聞いた運転手は顔が明るくなり、積極的に事故のことを話してくれるようになりました。

事故の状況が詳しくわかったことで、保険会社はより適正な賠償金を支払うことができました。運転手も自分が保険会社にやり込められて、賠償金をもらえなくなることを恐れていましたから、適正な額を受け取れて、喜んでいました。

このように、**交渉が停滞してしまったときには、「共犯関係」を構築することで、突破口を開くことができるようになる**のです。

交渉上手のテクニック

「一緒に決裁者を落とす」流れに持ち込む

相手を「味方」に引き込む方法

Ⅰ.「決裁権がない」ことを伝える

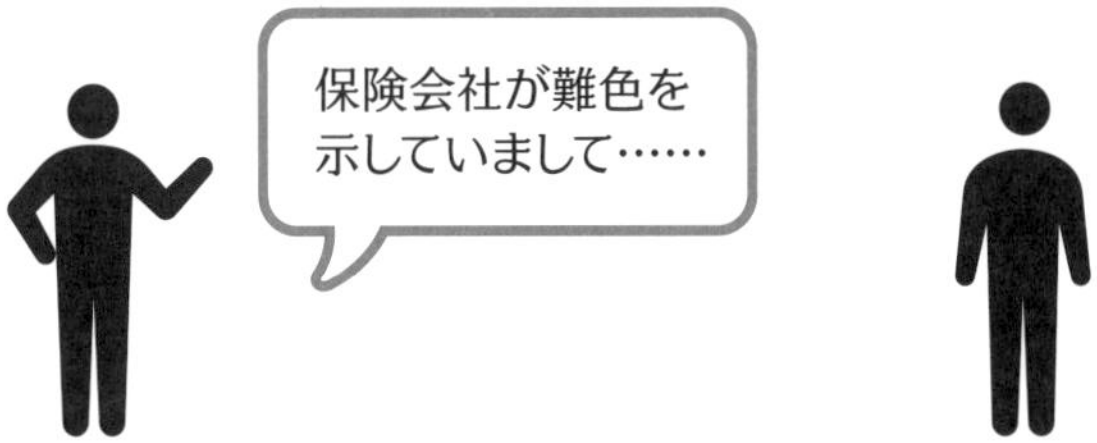
保険会社が難色を
示していまして……

Ⅱ.「共犯関係」を作る

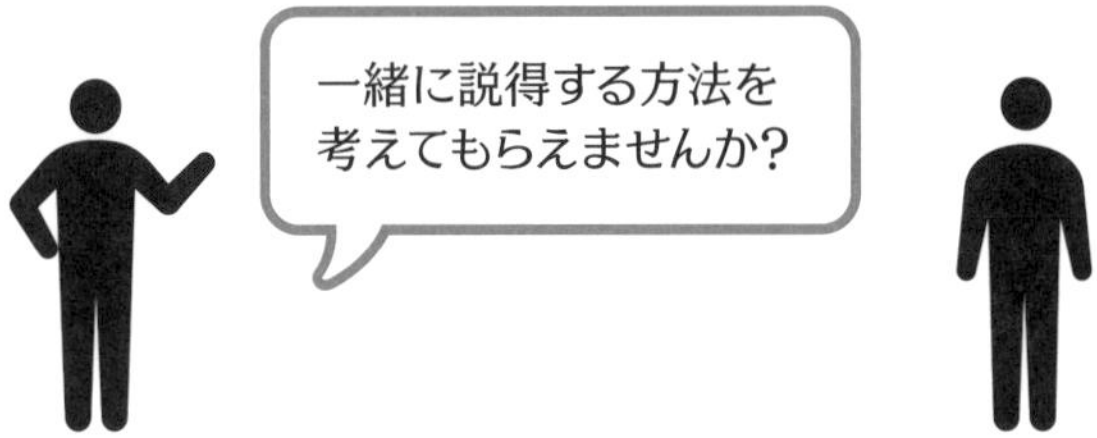
一緒に説得する方法を
考えてもらえませんか?

「一緒に敵を攻める」意識を持たせる

「事実」「ロジック」では人を動かせない

交渉相手を説得しようと思うと、「事実」と「ロジック」で完全武装して臨みたくなるものですが、これは、あまりおすすめしません。

事実は動かしようがない。そこに筋道の通ったロジックを合わせれば万全。そう考えるのもわかります。しかし、これは「自分にとっては動かしようのない事実」「自分にとっては筋道の通ったロジック」ということにすぎません。

いくら揺るぎない事実とロジックを準備しても、相手が聞く耳を持たなければ、効力ゼロです。「そちらに都合のいい事実を揃えて、適当にロジックを作っただけでしょう?」と思われたら、そこで相手の交渉の扉は閉じてしまうというわけです。

もちろん、事実とロジックが完全に無駄とはいいません。私も仕事柄、事実とロジックを大切にしています。

しかし、事実とロジックだけで臨もうとすると、「正しいか、正しくないか」というドツボに陥る危険があります。知らないうちに相手に対して「正しいロジックを理解しないあなたは困ったものだ」という態度をとってしまい、相手に強い不快感を与えてしまうこともあるのです。

こうなったら、相手を振り向かせるのは至難の業です。

退職代行をやっていると、ひどい主張をする経営者とたびたび出会います。残念ながら彼らに面と向かってロジックをぶつけても効果はありません。

なかには「中小企業に法律は関係ない！」と言い放つ経営者もいました。

これを聞くと、ほとんどの人が「こんな人と交渉なんてできない」と諦めてしまうでしょう。しかし、私は諦めることはできません。なぜなら、藁にもすがる思いで退職代行を依頼してきた人を見捨てることになってしまうからです。

理不尽なことを言う相手に対しては「感情」を武器に交渉します。彼らは本当に

「法律を無視したい」と思っているわけではなく、それほど切羽詰まっているだけ。

だから、心のどこかには必ず、罪悪感があります。ほとんどの人は言った直後に「しまった！」と思っている。そこを利用するのです。

まずは、すぐには反論せず、「なるほど」とどっちつかずの対応をします。そのあと、別の話をして時間をあけて、相手を落ち着かせます。そして「先ほど法律は関係ないとおっしゃいましたが、違法な利益が欲しいというわけではないですよね。それくらい毎日大変な思いをされているんですね」と**「共感」**します。これにより「仲間意識」が芽生えてきます。

そこから相手の言い分を聞きつつ、依頼者の要望も伝えて、退職に向けた話し合いに持ち込んでいくのです。

なぜ、理不尽な相手に対してここまでしないといけないんだ、明らかに正しいのはこちらなのに、と思う人がいるかもしれません。しかし、そういう人は1つ大きな勘違いをしています。

交渉は正義の戦いではありません。したがって、「正しいか、正しくないか」は、「どうでもいいこと」と考えていい。そんなことよりも、交渉では、はるかに重要なテーマがあるはずです。

そう、**「満足する合意ができるか、否か」**です。

交渉をやめてしまえば、お互い何も得ることができません。「ウィン・ウィン」どころか、お互いに負ける「ルーズ・ルーズ」になってしまいます。

たとえロジックが通用しない相手であっても、感情面の揺さぶりなども活用しながら、何とか前に進めないかを探っていく。泥臭くはありますが、じつは、交渉は「理屈より感情」「ロジックより共感」であるシーンがとても多いので、それを絶対に忘れてはいけません。

交渉上手のテクニック

「満足できる結果かどうか」で判断する

ウソを〝さりげなく〟暴く方法

すんなり情報をくれる人ばかりだったら苦労はないのですが、現実は、そう甘くありません。なかには、実情を隠したり、自分にばかり有利に進めたりするために、情報を明かさないどころかウソをつく人もいます。

では、ウソをつく人に、どう対処して交渉を進めたらいいか。まず「ウソですよね？」などと相手をウソつき呼ばわりしては、角が立つだけです。これは、いうまでもないでしょう。

弁護士という職業は、みなさんよりも、ウソをつかれることが多いかもしれません。私がよく使うのは、**「外堀を埋めてウソをあぶり出す」**というテクニックです。

つい先日も、保険の請求で、こんなことがありました。

「交通事故でけがをした」と主張している被害者が、より多く保険金を得ようとして、整骨院への通院について虚偽の報告をしているという情報が入ったのです。整骨院の院長とグルになって、通院日数を大幅に水増しし、保険会社に虚偽の申告をしているようでした。ウソをついていることは、ほぼ明らかでしたが、「ウソをついていますね」と迫るだけでは逃げられる恐れがありました。

そこで私は、「報告通り通院していたのなら……」と、情景を細かく描いてみることにしました。そのために刑事さながら、この案件の「現場」である整骨院にも、実際に足を運びました。

そして保険金の申請者に、こんなふうに聞いていったのです。

「通われていた整骨院は駅からもバス停からも遠いですから、車で通院されてたんですよね。そうだ、駐車場に停めると大きな看板が見えたはずですけど、あれ何だったかなあ……。私、1回しか行っていないので忘れちゃいました。○○さんは何度も行かれてますもんね、覚えてませんか？」

「受付で聞いてみたら、曜日や時間帯によって混み具合がけっこう違うみたいです。○○さんが通っていたときはいかがでしたか？」

「あの整骨院は、運動療法も積極的に取り入れられていて、スポーツジム顔負けの施設があるみたいですね。○○さんも使われましたか？」

実際に毎日のように通院していれば、すべて、わけもなく答えられる質問でしょう。でも、ほとんど通院していなかったとすると、だんだん苦しくなってきます。

プロの詐欺師でもない限り、人は、完璧に整合性がつくストーリーを作ってからウソをつくわけではありません。だから、**最初のうちは、その場の機転で答えられても、質問を重ねていくと、どこかで話が矛盾するなど必ずボロが出る**のです。

そこに「ウソをついている」という罪悪感も合わさって、5つほど私が質問したところで、この人もついにはウソを認めて本当は整骨院にほとんど通っていなかったことを話してくれました。

ウソをつくのは、本来、しんどいことです。真っ向から「ウソでしょう？」というと、「ウソじゃない!」と反射的に否定されるのがオチですが、外堀から埋めていけば、すんなりと本当の話を引き出すことができるのです。

ビジネスシーンだと、どんな質問の球を投げても、さっぱり相手の事情がつかめない場合、相手がどこかでウソをついている可能性があります。

同じような球を投げ続けても、おそらく状況は変わらないでしょう。

そうなったら、変化球を投げるしかありません。いったん議題から離れ、「ところで……」と、「外堀の話題」から質問を投げかけてみるのです。

たとえば、あなたが工場用の大型機械のセールスだったとして、ある工場に営業をかけたところ、「いま必要ないから」の一点張りだったとします。

こういうときに、ひたすら商品のよさを語っても、なかなかうまくいきません。それよりも、いったんセールスのことは忘れ、相手がいる部署の人数や、社内の人間関係、働きやすさ、他社の噂話など、一見関係なさそうな質問をいくつかぶつけてみます。

これが、「外堀の話題」です。

すると、ひょんなことから「じつは本社から予算の削減を言い渡されていてね」などといった、相手の実情が見える発言が引き出せるはずです。

つまり、「必要ない」という理由はウソで、「予算的に新しい機械を入れられない」というのが本当の理由だったというわけです。

弁護士と違って、ここで相手のウソを暴く必要はありません。

ただ、外堀を埋めたことで、「具体的にいくらの削減を求められているのかを聞き出し、新しい機械の導入がその額のコスト削減につながる」ことを示せばいい、などといった突破口が見えてきます。

「いま必要ないから」という断りやすい表向きの理由を聞いて、そのまま引き下がっているようでは交渉上手とはいえません。**相手のウソを見破ったうえで、「ウィン・ウィン」となるような提案をしていく**ようにしましょう。

交渉上手のテクニック

外堀を埋めてウソをあぶり出す

「ウソ」を暴く質問法

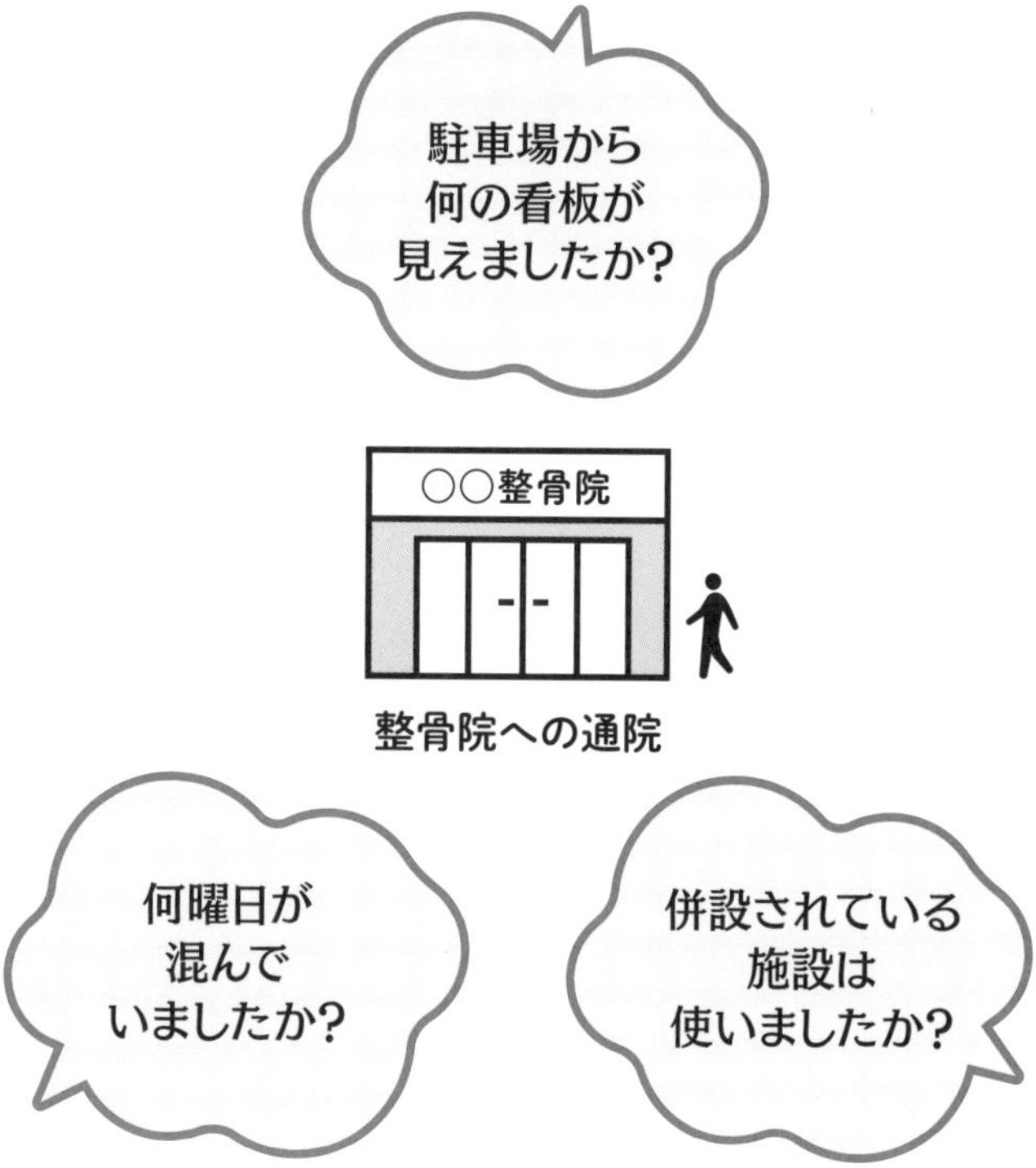

「外堀の質問」で白状させる

「苦手な人」「困った人」との付き合い方

ビジネスの場といえども、相性の悪い人というのは、いるものです。

人間ですから、「うわ、この人は苦手だな……」と思ってしまう。なかには、感情的にものをいう、あまりにも非論理的で話が噛み合わないなど、いわゆる「困った人」「残念な人」もいます。

プライベートと違って、ビジネスでは、こうした人たちとも付き合わなくてはいけないのがつらいところですね。

とりわけ、交渉では密なやり取りが求められます。その案件にかかっている間は、誰よりも多くの時間を、一緒に過ごさなくてはいけない場合もあるでしょう。

さて、どうしたらいいでしょうか。

そんな場合に私が駆使するのは「想像力」です。**相手を観察し、あれこれと想像すると、それと反比例するように、相手に対する苦手意識が薄くなります。**困った人や残念な人とも、話が通じやすくなるのです。

正直なところ、苦手な人の顔は、あまり見つめたくありません。そこで私はそっと目線をそらし、相手の持ち物などを観察して想像をめぐらせます。

「今日は、いいスーツ着てるな。さては勝負服？　ということは仕事後にデートか？だったら機嫌がいいかも？」

「かばんも手帳も靴も上質な革製に見えるけど、ペンは、安い文具メーカーのだな。あまり細部は気にしない人なのかな？　それとも、見栄えより機能性で気に入ったものを使い倒す、こだわり派？」

見てのとおり他愛のない想像ばかりですが、こうして持ち物から相手の機嫌や人柄を想像してみると、それが意外と、隠れていた情報を引き出すカギになったりするのです。また、自分自身の気持ちも落ち着かせることができます。これも大きなメリットです。

困った人、残念な人が、非論理的なことを一方的にまくし立てているときなども、この「観察→想像」の技が使えます。

まず、会話が成り立たないとき、相手と同じ土俵に立つのは得策ではありません。「感情vs感情」「非論理vs非論理」の泥沼にハマってしまい、何ひとつ建設的な話ができなくなるからです。

そんなときは、「よし、観察→想像だ」と意識する。まずそれだけで、感情的に言い返したい気持ちがスッと収まります。そして、改めて**冷静な目で相手を観察し、想像をめぐらせてみる**といいでしょう。

「なんで、こんなギャンギャン言うんだろう。上司から相当きつく言われてるのかな?」

「今日はずいぶんイラついてるようだけど、家庭で何かあったのかな?」

などなど。

すると、どうでしょう。相手に対する腹立たしさは一段と収まり、むしろ、同情に似た感情が湧き上がってくるはずです。

「この人も大変なんだな」――こう思うことで「困った相手の態度」から意識が離れ、「相手と交渉の場」につくことができるようになるのです。「困った人」というのは、別のところでも煙たがられている可能性が高いものです。誰もが敬遠するような人と、自分だけが上手に交渉を進められたら、大きな達成感がありますし、周りからの見る目も変わってくるでしょう。これこそが交渉の醍醐味であり、楽しさだと私は思います。

この「観察→想像」の技の精度を高めるために、**日ごろから「人を見ては観察、想像する」クセをつける**というのも、おすすめです。

たとえば、駅で歩きスマホをしている人がぶつかってきた。一瞬、イラッとしますが、ここで、すかさず「観察→想像」です。

「焦った顔だったな。緊急のメールでも入ったのかな」

「ずいぶんギョッとした顔だったけど、ひょっとして、彼氏が別の女性と会っている写真が、友だちから送られてきたのかも？」

または、通勤電車に、スマホゲームにかじりついているオジサンがいる。「いい年してスマホゲームに夢中って、なんか情けないなあ」と思うかもしれませんが、ここでも「観察→想像」です。

「年齢的には、大きな子どもがいるくらいかな。ひょっとして孫もいたりして？」

「スマホゲームに夢中なのは、もしかしたら、孫と話題を合わせるためなのかな？『点数を稼いで』って孫からねだられたのかも……？」

などなど、ちょっとしたゲーム感覚で観察、想像してみるのです。

これが、相手の視点に立ってみるというトレーニングになります。

想像が合っているかどうかは関係なく、つねに相手の身になって考えてみる、そういうクセをつける、ということ。このゲームを習慣づけると、交渉力が上がるだけではなく、通勤時間も楽しくなりますよ。

交渉上手のテクニック

非論理的な人には「観察→想像」で対応

3章

「提案を押し通す」技術

——手強い相手を「思い通り」に動かす

「ハードな交渉」を有利に進める

本章で身につけていくのは、手強い相手を思い通りに動かし、全面的にこちらにとって有利に交渉を運ぶ技術。**ハードな交渉を思惑通りに運ぶための技術**、といってもいいでしょう。

交渉相手は、案件ごとに異なります。

御しやすい相手もいれば、手練手管《てれんてくだ》の手強い相手もいる。しかし、どんな人が相手でも、通さなくてはいけない点は何としても押し通さなくては、交渉担当者として立つ瀬がありません。

交渉にはさまざまな正攻法がありますが、それだけでは通らないケースが多々あることも事実です。

人間の心理作用を利用する、思わぬ角度から「奇襲」を仕掛ける、弱いと見せかけて「攻め」に転じる好機をうかがう——などなど、相手を思い通りに動かすテクニックを紹介していきましょう。

「時間を味方につける人」が勝つ

交渉では、必ずしも「効率第一」とはいえません。

その最たるものは「時間」です。効率第一ならば、短い時間、短い回数で一気に詰めるべきでしょう。しかし、そうトントン拍子に進む交渉ばかりではありません。

落とすのが難しそうな相手と交渉するときは、むしろ「効率度外視」で向き合ったほうが、結果、うまくいく場合が多いのです。つまり、「あえて時間をかける」ということです。

とくに**自分より立場が上の相手に対して、自分がデフォルトで優位に立てる点は「時間」くらいしかありません。**

もちろん与えられている時間は、みな平等です。

しかし、立場が上の人と自分とでは「時間の仮想単価」が違うのです。

仮に自分の1時間は1000円、相手の1時間は1万円で、すでに交渉に3時間を費やしているとしましょう。「3時間」という長さは同じですが、自分は3000円、相手は3万円を使ったことになります。

この3時間を「当該案件に対する投資」と考えれば、相手は、すでに3万円も投資したことになるわけです。

そして投資した以上は、リターンが欲しくなるのが人間です。交渉決裂は、投資した時間が丸々無駄になるということですから、相手は、それだけは避けたいという気になるはずです。

つまり、**なるべく長い時間を相手に使わせることで、「合意というリターン」に向けて相手を動かすことができる**のです。

このテクニックで一番重要なのは、いうまでもなく、相手に「たくさん時間を投資した」と感じさせること。それには、まとまった時間を使わせるよりも、細切れで時間を使わせたほうが効果的です。

長時間の交渉を1回や2回ではなく、短時間の交渉を数多く重ねる。1回あたりの時間は30分間から、長くても1時間程度が妥当でしょう。**「短時間×多回数」になればなるほど、相手の気持ちは合意に向かう**というわけです。

しかも、何しろ相手には「かけた時間を無駄にしたくない」という深層心理が働いていますから、こちらに有利な内容でも、案外、通りやすくなります。

たとえば相続問題を多く扱っている知人の弁護士は、とにかく長文の書面を作り、それに対する回答を相手方に求めるそうです。彼は、「書面のストック」を大量に持っており、少し修正して使うだけなので、長文の書面もすぐに作成できてしまいます。

しかし相手の弁護士は時間をかけてその書面を読み、しっかりした回答を作成しなければなりません。しかも、1つ完成させて送り返すと、すぐに次の書面が届くのです。やり取りを重ねれば重ねるほど、どんどん時間を奪われていくのです。

これを何回か続けたあと、こちらの主張を提示すると、多少強引なものであっても、合意を得られることが多いそうです。

これこそまさに相手に時間を使わせて合意を勝ち取る例でしょう。

こちらの意思を押し通そうとすると、相手はぎょっとして、怒ることもあるかもしれません。しかし相手に時間を使わせていれば、席を蹴るという選択はしにくい。なぜなら、先ほども説明したとおり、**「かけてきた時間を無駄にしたくない」**からです。

すでに、相手は相当の時間を費やしています。というわけで、「あれだけ時間と労力をかけて回答を作り上げたのだから、その時間を無駄にしたくない……」と、こちらの提案を前向きに検討せざるをえなくなってしまうのです。

交渉上手のテクニック

相手に「時間を使わせる」

「小さな成功体験」を積み重ねる

よく「大きな目標を達成するには、小さな成功体験を積み重ねること」といわれますが、これは契約などの交渉でも同様です。

とくに、まだ100パーセント確定ではなく、途中で破棄される可能性が残っている場合には「とにかく、決められるところから話を詰めていく」。それも契約の根幹に関わらないこと、いわば**「どうでもいい些末な条項」から詰めていけばいい**のです。

どんな契約にも、多くの細かい条項があるものです。

単純な売買契約1つをとってみても、そうでしょう。

「いくらで、どれだけ買うか」というのがメインですが、その他、支払いサイトはどうするか？　支払い方法は？　納品後のサポートは？　違約時のペナルティ条項は？　品質保証は？　……などなど、細かいサブ的な事項があるはずです。

これらもきっちり詰めなくては、最終的に契約締結はできません。

順当に考えれば、「まず、もっとも重要な条項を決めてから、細かい条項を詰めていく」というのが効率的ですが、そこで、あえて逆を行く。「仮に契約締結するとして、この条項はどうしましょうか？」と、細かい条項から詰めていくのです。

さて、このように、いわば「どうでもいい、些末な条項」を持ち出したら、相手は、どう考えるでしょうか。多くの場合、「別に重要なところではないから」と簡単に考え、比較的スムーズに決まっていくはずです。

これこそが、狙いです。1つ、また1つと、**どんどん細かい条項を詰めていくことが、「小さな成功体験」の積み重ねになります。**

些末な条項といえども、数があれば、それだけ時間もかかります。一度のアポですべてを決めるのは難しく、たいていは、何度か話し合いを重ねることになるでしょう。

「合意しなければ」と思わせる方法

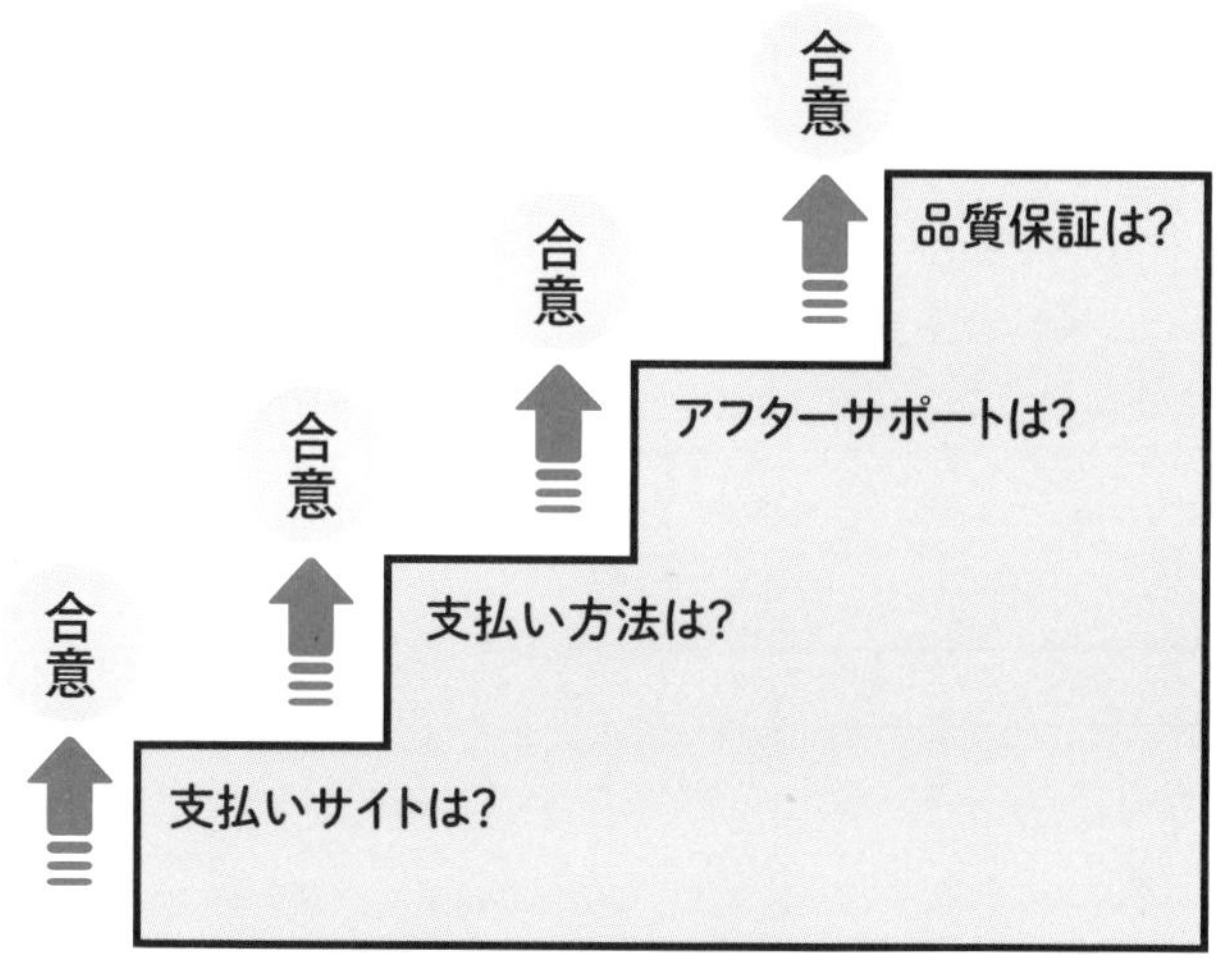

「小さな合意」を繰り返す

すると、「時は金なり」ですから、相手には「ここまで時間を費やしたものを、そう簡単に潰すわけにはいかない」という心理も働きます（「相手に時間を投資させることで断りづらくさせる」というのは、前項でもお話ししたとおり）。

こうして、いよいよ重要な条項を詰める段となった際には、すでに、こちらに有利に働く状態になっています。

それなりの時間をかけ、協力して煮詰めたことで、「ここまで練り上げてきたものを破棄してはもったいない」という発想になり、「合意することが前提」で話し合うことになるからです。

つまり、**小さな合意を重ねることで、いつの間にか、相手は「破棄する」という選択肢を取りづらい気持ちになってしまう。**こちらからすれば、まず外堀から埋めていくことで、「もう、こちらの思い通りの合意に至ったも同然」という必勝パターンに持っていけるのです。

交渉上手のテクニック

「どうでもいいこと」から決めて、「破棄しづらく」する

"交渉以外"は言うことを聞く

手強い相手を思い通りに動かすには、「交渉で何を押し通すか」を、自分のなかでハッキリさせておかなくてはいけません。

そして、その点を何としても押し通すために、**交渉外のことでは、相手の言うことを聞く。**これは、相手のために献身的に尽くすということ、もっといえば「尽くしてみせる」ということです。

こう聞くと「結局、譲歩するってこと？」と思うかもしれませんが、そうではありません。

今もいったように、相手の言うとおりにするのは「交渉外のこと」です。

つまり、自分にとって「どうでもいいこと」については、自ら相手に尽くしてあげよう、ということ。すると、肝心の交渉は、こちらの思惑通りに持っていきやすくなるのです。

このテクニックには、主に2種類の実践法があります。

1つは、**交渉にまつわる「さまざまな面倒くさい手続き」を率先して引き受けること**。

たとえば、込み入った交渉で議事録を作らなければいけない。想像するだけでも面倒ではないでしょうか。あるいは、貸会議室など交渉の場所を押さえる。これも、ちょっとしたことですが、やらずに済んだほうがラクです。

このような、できればやりたくない面倒な諸業務を、こちらが率先して引き受ける、というのが1つです。

もう1つは、**いくつか複数の交渉を同時に進めているときに、本丸以外の交渉では、相手の要望通りにすること**です。

同じ企業と、複数の交渉を進める場合もあるでしょう。たとえば、かなり大きなA案件と、中くらいのB案件と、小さなC案件を、それぞれ別の担当者と進めていたとします。

そこで取るべき戦略は、まず、中くらいのB案件と、小さなC案件をきっちりクローズすることです。これらに関しては、譲歩してもいいでしょう。本当の狙いはA案件を、こちらの思い通りに持っていくことだからです。

ともあれクローズしたことで、相手企業のB案件の担当者とC案件の担当者は、ホッと胸をなでおろしています。このとき、「A案件ではいろいろお願いすることもありますが」としっかり伝えておくことを忘れないでください。

ここでいよいよA案件に踏み込みます。もし、A案件でもめたら、彼らはどう思うでしょうか。きっと「まずい、A案件が流れたら、自分が担当した案件も危うくなるかもしれない」と思うでしょう。クローズした後でも、不測の事態によって破棄となるというのは、ありうる話です。

別案件、別担当者でも、お付き合いは「会社と会社」のものです。

会社として、せっかく、いい感じでクローズできた案件が危うくなるのは困る。つまり、B案件とC案件がうまくまとまった時点で、先方にとって、A案件は「合意すること前提」のものに変わっているのです。

こうして「交渉決裂になる芽」が摘まれることで、A案件については、こちらに有利に進められる可能性が格段に大きくなります。

これは、**「相手側に味方を作ってしまう技」**といってもいいでしょう。

大事なA案件がこじれそうなら、まずB案件とC案件を優先して進めてしまうのです。

先にB案件とC案件を、先方の都合のいいようにクローズさせてあげることで、これらの案件の担当者が、A案件の合意に向けた「援護射撃者」になってくれる、というわけです。

交渉上手のテクニック

「相手に尽くす」ことで、メインの交渉を仕上げる

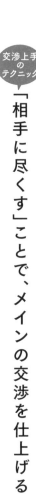

最後の最後に「おまけ」をつける

交渉が煮詰まり、いよいよ合意間近、あとは上の決裁をとるだけ——。

この段階で人が感じるのは「やっとひと息つけるな」です。

「やれやれ、ようやくここまで来たか」と安心して、少し気が緩む。そこに付け込んで、最終的に、ほぼ100パーセントこちらの思い通りにする、というテクニックがあります。**最後の最後に、こちらにとって有利な「おまけ」をつけ、相手に「イエス」と言わせてしまう**のです。

これは、やり方を間違えると、単なる「ちゃぶ台返し」になってしまいます。たとえば、「単価10円で買う」と言っていたものを、最後の最後に「やっぱり8円にしてください」と言っても、なかなか通らないでしょう。

「ちゃぶ台返しをされた」と相手に思わせずに、うまく話を有利に運ぶ。それには、**「相手の利益は守られているように見えて、結果的に、こちらの利益が確保されるようなポイント」を探す**ことです。

私の先輩弁護士で、まさにこの「おまけ」をつけるのが上手な人がいます。

たとえば、不貞がばれて離婚と慰謝料請求を受けている男性からの依頼を受けたときのことです。

依頼者から「部屋の家具はかなりこだわって購入したものなので、離婚後も使いたいが、妻は怒り心頭なので拒否するだろう。しかし慰謝料を払うと余裕がなくなるので、新たに買う余裕がない。なんとか家具は自分のものにならないか」と要望がありました。

しかし、先輩弁護士は、相手の代理人との交渉では一切家具の話はせず、慰謝料の件だけ交渉していました。

厳しい交渉が続きましたが、ようやく慰謝料額で折り合いがつきました。代理人もほっとした様子を見せています。

そこではじめて「忘れていました！　大変申し訳ありませんが、今使用している家具は頂けますか？　慰謝料を払うと新たに買うことができないらしく……。その分慰謝料を減らすこともできませんし……」とこちらの要望を伝えたのです。

代理人はあからさまに「いまさらそんなことを言われても……」という顔をしていますが、せっかくまとまった交渉を台無しにしたくないと思ったのでしょう。「持ち帰って検討します」と返答してくれました。

予想通り、妻はかなり抵抗を示したらしいのですが、代理人が強く説得し、最終的に家具は夫のものになることに決まりました。

この先輩弁護士は、条件の交渉をする際には「小さな、しかしこだわりの条件」はかならず最後に心から申し訳なさそうな顔をしておずおずと提示しています。ほとんどの場合、相手はしぶしぶ応じてくれるそうです。

これが賢い「おまけ」のつけ方ですが、決して行き当たりばったりでできることではありません。値段交渉ならば、交渉の初期段階では、もちろん希望の値段に持っていく道を探るのが正解です。

しかし、どう攻めても相手が引かないとなったら、作戦変更。「値段以外のところで、こちらの有利になるポイント」を突くほうへと持っていきます。

つまり、このテクニックは、事前のプランありきということです。

「もし、こちらの要求が通らなかったら、最後の最後に、どこを突けばいいか？」と考えておく。そして、**「どうも、これ以上の譲歩を引き出すのは無理そうだ」と察知したら、瞬時に「おまけ作戦」に切り替える**のです。

少し高度に思えるかもしれませんが、どんな「おまけ」をつけるかを想定しておけば、案外、簡単に攻め落とすことができるでしょう。

事前にプランを練っておくものですから、上司や先輩と相談して「おまけ」を決めておくというのも、もちろんアリです。

交渉上手のテクニック

最後に「有利な条件」を付け加える

「権威」で相手の背中を押す

ほぼ「落ちた」ように見えるのに、なかなか最後の「イエス」が出てこない。

もうひと押し必要、というときには、**「自分自身の言葉」よりも「権威の声」のほうが、相手に響く可能性が高い**でしょう。

もし、こちらの話に納得できないところがあるのなら、相手は、その点を突いてくるはずです。

そういう素振りでもないのに、まだ迷いが見られるとしたら、おそらく、相手は「どうやって上に通そうか」と逡巡《しゅんじゅん》しているのかもしれません。

ここで相手が必要としているのは、上を説得できるような「新たな材料」。もっといえば、上に通す際に「さては、担当者に丸め込まれたな」と思われないような、

「力のある説得材料」です。

つまり、ここで引き続き「自分の言葉」で押しまくっても、相手には「いや、それはもうわかったんだけど……」と思われ、最後の「イエス」が出ないまま時間が過ぎるだけなのです。

これぞまさに、「権威」カードを使うべきタイミングです。

たとえ交渉前の準備段階で、すでに権威的な裏付けを準備してあっても、そういう力のあるカードは、最後まで温存しておくほうが得策なのです。

では、どんなものが「権威」となるか。弁護士の私にとっては、「判例」がもっとも有力な権威ですが、ビジネスシーンでは、交渉の中身によって、さまざまなものが考えられるでしょう。

たとえば、誰もが知る企業の名前を出す。大企業とも取引しているのなら、「じつは○○社さんとも、こういう案件でお付き合いがあるんですよ」などと名前を出すだけでも効果的です（もちろん、機密保持規約に触れない程度に）。

直接の取引はなくても、本やビジネス誌の記事で読んだ大企業の事例が、「権威」として使える場合もあります。

「○○社は、これで成功した」、あるいは「△△社は、これで失敗した」などと事例を挙げつつ、「だからこそ御社には、今、こういうものが必要だと思うのです」と持っていくのも、立派な「権威」カードなのです。

そんなに都合のいい事例が見つかるかと思ったかもしれませんが、ちょっと意識して探してみれば、成功談にせよ失敗談にせよ、企業の分析本や分析記事には事欠きません。

帝国データバンクといった調査会社が、さまざまな企業の倒産劇をまとめたものなど、読み物としておもしろいものも数多くあります。日ごろからアンテナを張って、情報をストックしておくといいでしょう。

ほかには、大学の研究論文なども、もちろん「権威」です。

「そういえば、○○大学が行ったある研究では、こんな結果が出ているそうです」という話を隠し持っておくのも、最後のひと押しの際に役立ちます。

交渉上手のテクニック
「権威」を相手にも利用させる

こうした「権威カード」を切る際には、1つ、ちょっとしたコツがあります。

それは、**権威カードを「相手の手柄」にしてあげる**、ということです。

どうすればいいのかというと、「この話は、いい説得材料になると思います」というひと言を添えるだけです。

上司など決裁者に話す際には、誰でも「自分の話を補強する材料が欲しい」と思っているものでしょう。

そこで、社内での説得にも同じ権威カードを切ってもらえるように、うまく相手を誘導してあげる。「この話は、いい説得材料になると思います」というのは、そのためのひと言です。また、相手が活用しやすいように、論文や研究成果を伝える記事などをそっと手渡すのも効果的です。

ここまですることで、担当者が決裁者を説得しやすくなり、「最終的な合意」に至りやすくなるのです。

「根拠付きの言質」を取る

相手に逃げ道を作らせない、というのも、手強い相手を思い通りに動かす交渉テクニックの1つです。

交渉で何度も顔を合わせているうちに、徐々に、気心の知れた間柄に感じられてくるでしょう。その雰囲気を利用して相手から情報を引き出すというのも、もちろん考えられます。

しかし、**重要なところは絶対に「なあなあ」にしない。**そういう強い意志も持ち続けなくては、最後のツメの部分で劣勢に転じる可能性があります。

相手が「Aです」と言ったら、あとあと「本当はAではなかった」と言葉を覆されて泣き寝入りとならないよう、「根拠付きの言質《げんち》」を取ることに全力を注ぎましょう。

たとえば、土地売買の交渉で、よく議題に上るのは「土壌汚染されていないか」という点です。その土地が、化学物質を扱う工場の跡地だった場合などには、必ず確認しなくては安心できません。こういうときにツメが甘い人は、「この土地は安全です」「ちゃんと自社で調査したところ、全項目で問題ありませんでした」といった相手の言葉だけでOKとしてしまいがちです。

でも、もし相手がウソを言っていたら？　あるいは「自社の調査」がいい加減なものだったら？　あとから独自の調査を行って「じつは土壌汚染されていた」とわかっても、契約締結後では、どうすることもできません。

立場や年齢が上の人から「安全です！」と強く言われたら、ちょっとモヤモヤしたものを感じても、飲み込んでしまいそうになることもあるでしょう。

しかし、そこは気を強く持たなくてはいけません。

まず、**重要な点については、相手に「根拠」を聞きます。**今の例でいうと、「その土地が土壌汚染されていないという根拠」を出させるということです。

すると相手は、「有害物質は、工場内で完全に無害化されてから破棄されていた」「工場から有害物質が流出したという記録はない」「直近の土壌検査でも、有害物質は検出されていない」など、いろいろ挙げてくるでしょう。

これでも、まだ十分ではありません。

根拠とは、当然ながら「Aであることの裏付け」ですから、根拠を述べれば述べるほど、Aを覆すことが難しくなっていきます。「やっぱりAではありませんでした」と言えなくなっていくということです。

そこでもうひと押し。「よかった！」と安心した素振りを見せつつも、「でしたら、一応ですけど、有害物質が検出された場合は全額返金という旨、1行入れていただいてよろしいですか？」と詰めます。

口頭だけでなく、書面にしてはじめて「言質を取ったことになる」のです。

相手が「安全だって言ってるでしょう？」と強気で返してきても、引きません。

「もちろん承知しています。根拠もお聞きして、私は納得しています。そんな1行、入れたって無駄ですよね。ただ、上から厳しく言われてまして……。入れたところで御社には何の意味もないでしょうけど、お願いします」

ここまで言われると、相手は、受け入れざるをえません。

口ではいくらでもいいことを言えます。口で言うだけならば、あとから「そんなことは言っていない」と逃げることもできるため、割と無防備に調子のいいことを言う人も少なくありません。

そこを逆手に取るというのがポイントです。

根拠も合わせて述べさせることで、相手は引くに引けなくなっていきます。

もし、相手がまだ渋るようだったら、1つダメ押しのテクニックがあります。相手の反応に対して驚いてみせるのです。

「え？　どうしてそこまで書面にするのを嫌がるんですか。もしかして何か後ろめたいことがあるんですか」

というように驚いた表情を見せつつ伝えます。相手から「いや、そういうわけではないけど……」などと反応が返ってきたら、すかさず、

逃げ道をなくす「言質」の取り方

土壌汚染されていない根拠を教えてもらえますか?
検査をしましたが、有害物質は検出されませんでした
検査結果について、契約書に一文加えてもいいですか?

「口頭＋書面」で根拠付きの言質を取る

「じゃあ、1行入れていただいてもまったく問題ありませんよね。どういう言葉を入れるかはご相談しますので！」

とたたみかけます。

このように、**口頭↓書面の流れで話を進めることで、相手は、いわば「自分の言葉に縛られ、逃げ道を失う形」となります。**その結果、こちらの有利に交渉を進められるというわけです。

交渉上手のテクニック

「根拠」を付けさせ、撤回させせない

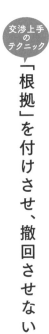

相手を巻き込み「こちらのストーリー」へ

人には、相手が一から十まで決めたことを提示されると、安易に受け入れたくない、という心理が働くものです。

どれほど優れた提案であっても、「ちょっと待て、自分にも決めさせろ」と言いたくなるのです。そういう人間心理がわかっていないと、交渉で相手を思い通りに動かすことも難しくなってしまうでしょう。

かといって、相手に主導権を握らせては、どんどん自分に不利な状況になっていきかねません。**こちらが主導権を握りつつも、相手に「自分もコミットしている」感を抱かせる**、そんなテクニックが必要です。

まず、いくら自分の提案に自信があっても、全貌を見せないこと。とくに自分より立場が上の人に対しては、注意したいポイントです。そこから、相手にもコミットしてもらいつつ、徐々に自分の提案へと終着させていきます。

「AとB、どちらにします?」「こういう場合は、どうしましょう?」と、一歩進むごとに選択肢を見せたり、相手の意思を聞いたりして誘導していくのです。小さなことでもかまいません。あらかじめ自分が思い描いたストーリーをなぞっていくイメージです。

じつは、**交渉成立をもっとも邪魔する障壁は「担当者の感情」「決裁者の感情」です**。精一杯相手のメリットを説明しても相手が渋い顔をして「理屈はわかるんだけど……」という場合には、「感情」が邪魔をしていることが多い。

「交渉相手の言いなりになるのが嫌だ」「別の選択肢もあったのではないか、だまされているのではないか」「一気に説明されるのが嫌」など、交渉内容とまったく違う観点で拒絶されてしまっています。

それを未然に防ぐために、**「相手側に選択を求める」ことで相手に「合意内容を自分でコントロールした感じ」を持たせて、納得感を演出する**のです。

また、相手にもコミットしてもらいつつゆっくり進めるのは、前に言った「小さな成功体験を積み重ねる」「相手に時間の投資をさせる」ことにもつながります。

これは国際的な交渉などでも、よく使われるテクニックです。難しいように思えるかもしれませんが、少し場数を踏めばコツがつかめるでしょう。

1つ気をつけてほしいのは、**自分が思い描いたストーリーにこだわりすぎない**、ということです。

対話を重ねるなかで、相手が、予想外のことを言い出すかもしれません。そうなれば、当然、自分のストーリーからは外れることになりますが、重要なのは、自分にとって「いい話」へとまとめていくことです。

したがって、相手が言い出したことが、冷静に考えると自分にとって好ましい話だったのなら、もとのストーリーはさっさと忘れて、相手のストーリーに乗り換えてしまえばいいのです。結果よければ、それでよしなのですから。

とくに**自信のある人は、自分の案にこだわりがち**です。そのせいで、よりよい話にうまく乗ることができず、かえって自分の首を絞めてしまう、なんてことも考えられます。

ここは「君子豹変、大いにアリ」と心得ておきましょう。

私の周りの弁護士の先生方でも大きな実績を挙げている人たちには、しばしば「君子豹変」が見られます。立場や考えを軽々と変え、気持ち新たに交渉のテーブルにつくことを楽しんでいるようにさえ見受けられます。

交渉に自信がある人ほど、「自分の案を通すこと」が目的になってしまい、「よりよい利益を得る」という真の目的を忘れて自滅してしまうものです。私の周りにいる先生方のように、こだわりを捨て、楽しみながらよりよい利益を求めていってみてください。

交渉上手のテクニック

「自分の案」へのこだわりを捨てる

証拠は〝100倍大きく〟見せる

弁護士にとって、「証拠」は何より心強い武器です。

それだけに、もっとも有効に使えるよう、つねに心を砕いています。

なかでもビジネスシーンにも応用できるものというと、**「証拠を100倍に見せる」**テクニックです。

たとえば、弁護士として離婚協議で妻の側に立ったとします。離婚の原因は夫の浮気。となると、浮気の事実を立証することが、離婚協議を妻に有利に運ぶカギとなります。

もちろん、虚偽の証拠を示すわけにはいきませんから、ちゃんと尻尾はつかんでいます。しかし問題は、その見せ方です。匂わせ方、といってもいいでしょう。

こちらが握っているのは、夫が女性とホテルに入っていくところの写真だったとします。しかし、その写真を突きつけたところで、どう言い逃れされるかわかりません。

「ああ、それは、あのときの写真だな。じつは会社の宴会の帰りに一緒になった女性社員が急に『気分が悪い』と言い出したので、たまたま近くにあったホテルで休ませたんですよ。誤解されているようだけど、そこしかなかったので、仕方なかったんです。もちろん、少しの間、女性が横になって休んだだけで、何もやましいことはありませんよ」

非常に苦しい言い訳ではありますが、それで押し通されれば、効果的な反論は難しい。したがって、いくら動かぬ証拠があっても、いきなりバンと突きつけてうまくいくのはドラマの世界だけで、実際は賢いやり方ではないのです。


では、どうするか。

身に覚えのある夫と夫側の弁護士がもっとも気にしているのは「はたして妻側に、

どれくらい尻尾をつかまれているのか」です。

一晩の写真程度ならば、何とか言い逃れできる。しかし、定期的に会っていたことまでバレているのなら、もう言い逃れできない。その場合は、潔く浮気を認めたほうがいい――というわけです。

そうなると、こちらが取るべき戦略も見えてくるでしょう。

まず、どこまでつかんでいるかを悟らせないこと。そして、証拠を実際には見せず匂わせることで、**「実際につかんでいる以上につかんでいる」と思わせればいい**のです。

たとえば、写真に映っているホテルが、夫の行動範囲内にあるものだったら、写真を撮った一度だけでなく、定宿のように使っているはずです。

そこで、「どこそこにある○○っていうホテルは、よく利用されるようですね」とカマをかけます。

すると、もし予想が的中していれば、夫はドキリとするでしょう。「まずい、何度も利用したうち、どれくらいを把握されているのだろうか?」「ひょっとして、あのときも、あのときも、全部写真を撮られているのだろうか？」と。

こうした「匂わせ」によって相手が疑心暗鬼に陥れば陥るほど、相手の分が悪くなり、こちらの思い通りに話を進めやすくなるのです。

交渉では、相手に都合の悪い事実を突きつけて、こちらの思い通りに進めたい局面もあるでしょう。

事実の力は強いものですが、相手が海千山千のクセモノであった場合、決定打のつもりが不発に終わり、主導権を奪われかねません。

手強い相手との交渉は、心理戦でもあります。

そこで、**何やら重大な事実をつかんでいるように匂わせる。**「証拠を100倍に見せる」テクニックには、心理的優位に立つことで、相手を思い通りに動かす効果があるというわけです。

交渉上手のテクニック

事実を「匂わせる」ことで、心理的優位に立つ

「沈黙」でプレッシャーをかける

交渉で有利なのは、必ずしも「話し上手」ではない。

そのように1章でも述べましたが、交渉相手が弁の立つ人だったら、「そんなのウソだ！」と泣きたくなるかもしれません。

「反論しなくては」と思えば思うほど、気持ちばかりが焦って冷静に考えられなくなる。そうこうしているうちに、すっかり相手ペースに……というのは何としても避けたいところですね。

そんなときは、「黙る」のが一番です。

「言い負かされようとしているのに、黙ったら余計に不利では？」と思うかもしれませんが、沈黙には、相手に心理的プレッシャーを与えるという効能がある。それを利用しようというわけです。

「あれ？　黙りこくっているけど、いったい何を考えてるんだろう？」「ひょっとして何か隠し玉があるのか？」――といった不安に相手を陥らせます。それが「起死回生」のチャンスにつながることも多いのです。

また、言葉をまくし立てる相手には、すぐに反論せずにじっと聞いていると、「意外と大したことを言っていない」ことがわかる場合も少なくありません。


こうした沈黙の力を使うには、「黙り方」がポイントです。

目的は相手を不安にさせることですから、「何も言い返せないから黙ってるんだ」と思われては意味がありません。

かといって黙って相手を見つめていると、睨みつけているような印象になり、反感を抱かれる恐れがあります。

まず、沈黙といっても、完全に黙りこくるわけではありません。

焦った様子は見せず、ハッタリでも「余裕」を見せること。それには、「うーん、

「そうですかあ……」「それはどうなのかなあ……」などとつぶやきながら、相手から目をそらし、資料をパラパラめくったりするといいでしょう。

すると相手は、何かまだ明かされていない手の内があるのかと不安になります。

心理的優位に立つことで、主導権を取り戻すことができるのです。この効果を高めるために、わざわざ分厚いファイルを持参するというのもおすすめです。

本当はノートPCだけで事足りるのに、**相手の目前で、おもむろにドン、ドンと資料を積み上げる（でも中身のほとんどは、その案件とは関係ない紙の束）**……というのは、私もよく用いるテクニックです。

その様を見ただけで、相手は「なんだかわからないけど、ものすごく準備してきたようだ」と、いきなり不安に陥ります。

それでも気を取り直した相手からロジック攻めを受けているところで、こちらが「そうですかあ……」などと言いながらファイルをパラパラめくる。ますます相手の不安が大きくなるのは明白でしょう。そこから形勢逆転するのは、じつは、それほど難しくはありません。心理的優位に立つことの効果は、やはり絶大なのです。

また、「相手の言うことをできるだけたくさんメモに取る」というのも、「黙る戦略」の一つとして効果的です。言葉をまくし立てる人は、勢いに任せて話しているので、メモを取られて「記録が残る」ことに無意識的な恐怖感を持っています。その恐怖感で相手にプレッシャーをかけるのです。

さらに、メモを取ることで、前後の矛盾や同じことの繰り返しなど相手の話の弱点にも気づくことができます。

簡単なテクニックですが、これだけで相手の勢いに目に見えてブレーキがかかります。ぜひ試してみてください。

交渉上手のテクニック

沈黙の力で「手の内がある」と思わせる

「相手の期限」を逆手に取る

交渉には「期限」が設けられている場合も少なくありません。

期限において、相手のほうが切羽詰まっているとわかった場合は、そこに付け入らない手はないでしょう。

譲歩したくない「本丸の論点」については、「そちらのご要望に応えられるよう、努力しています」風を出しつつも、結論は後回しにして、細部から少しずつ詰めていきます。

そして、相手の期限が間近になったあたりで、本丸の論点を一気に詰める。

その時点で、相手の意識は「期限を守ること」に向いています。期限通りに合意するために、こちらの出した条件が多少、相手にとって不利でも、「イエス」と言ってくれる場合が多いのです。

ありとあらゆることに「期限」があります。会社なら、もっともわかりやすいのは決算時期でしょう。また、離婚問題であれば、多くの親は子どもの入学時期までに解決したいと考えます。そうした期限を利用します。

たとえば、相続問題では、多くの場合、7月下旬頃から急に「お盆に親戚が集まるまでに解決したい！」という気持ちが高まってくるので、こじれた相続トラブルの際にはこの時期に狙いを定めます。5～6月頃は、関係者それぞれの主張を聞いたりして、のらりくらりと時間を稼ぎます。大切なのは、この時点で解決策を提示しないこと。期限を意識していない相手に解決策を持ちかけ、それに反発された場合、態度が硬化してしまいます。そうなると、いくら期限が近づいてきたタイミングで交渉を仕掛けたとしても、合意に持ち込めない恐れがあります。

相手の期限が来るまで、本丸の交渉はじっと待つ。期限が近づいてきたら、それをちらつかせつつ、一気に攻める。これがポイントです。

また、相手に期限を意識させるひと言を伝えるというテクニックもあります。

「お盆までに解決の目処を立てませんか？　そうすれば、すっきりした気持ちで、親戚の方々と顔を合わせられますよ」

などと提案すれば、**期限があることを意識させる**ことができます。

これまで「じっくり考えればいいや」と思っていたところにいきなりデッドラインを突きつけられるので、相手はかなり慌てるはずです。その隙をついて、こちらの要望を押し通してしまうのです。

交渉上手のテクニック

「相手の期限ぎりぎり」まで待つ

「落ち度」を反撃のきっかけに

相手から一方的に攻め込まれているとき、おそらく多くの人は、「相手のロジックの穴」を探そうとするでしょう。

相手の話の矛盾点を突く、あるいは相手が挙げた事実の誤りを指摘する、これが突破口になると考えていると思いますが、もっと簡単な方法があります。

相手の「失言」を待つのです。

そもそも、矛盾点や事実の誤りは、指摘しても相手が認めず、かえって火に油を注ぐ可能性があります。

「さっきはAと言い、今はBと言っている。あなたの話は矛盾している」と指摘すれば相手は「Aだなんて言っていない！」と返してくる。そんな「言った、言わない」

の争いになる可能性があります。

事実の誤りを指摘すれば、「いや、私は正しい。間違っているのはあなたのほうだ！」と返してくる。そんな「正しい、正しくない」の争いになる可能性があります。

つまり、いずれも不毛な議論に時間を費やす羽目になるリスクが高いのです。

その点、「失言」というのは、誰が聞いても「まずい発言」です。言った本人にも「まずい、口が滑った」という自覚、負い目があるものですから、すかさず攻め込めば、一気に相手の舌鋒をかわすことができます。

たとえば、交渉が激化し、感情的になると、つい「あんた」や「お前」といった乱暴な言葉遣いになったり、相手への個人攻撃や人格否定、会社に対する誹謗中傷めいた発言が飛び出したりします。また、「つい大声で発言してしまった」というのも「まずい発言」の一つです。

このような誰が聞いても「まずい発言」が出たら、こちらは、今まで黙って聞いていた態度をガラリと変えます。

キッと相手を見つめ返し、「その言い方はないでしょう」「いくらなんでも、そのように言われる筋合いはありません」と静かに、しかし強めに言う。「もう話し合いは無理ですね」ときつめの言葉を使ってもいいでしょう。そのうえで黙って相手を見つめる。

コツは**「声のトーンを落とし、静かに、ゆっくりと伝える」**です。

通常、交渉ではできるだけ積極的に、声のトーンを上げて話していることが多いでしょうから、ゆっくりした話し方に切り替えることで相手に急ブレーキをかける効果があります。

そうすると、感情的になっている相手も、冷静に話を聞いてくれやすくなります。そのあとは、**冷静に、同じトーンで「こちらの提案における相手のメリット」を伝えてください。**こうすることで、相手から会話の主導権を奪うことができるのです。

感情的になっている相手を、ロジカルに諭《さと》そうとしても徒労に終わるというのは、先ほども説明したとおり。そこは「身から出たサビ」「感情から出た失言」を突くのが、もっとも効果的なのです。

ワーッと言われると頭が真っ白になってしまう、という人も多いと思いますが、それは、「いつ、何をもって反撃すればいいか」を絞り切れていないからでしょう。「反撃すべきポイントは、相手の事実誤認か、論理矛盾か、それとも……？」と目移りしているうちに、混乱してしまうのです。

でも、「こういうときは失言待ち」と心得ておけば、集中すべきは「相手の失言」だけ。**失言が飛び出すまでは、黙って聞いていればいい**のです。これで冷静に反撃のチャンスをうかがえるようになるでしょう。

このような失言を逆手に取るテクニックはビジネスの場でも利用できますが、プライベートの交渉でも有効です。とくに相手が感情的になる人であれば、一度意識して使ってみてください。

交渉上手のテクニック

失言が出たら一気に反撃に転じる

会社を責める、担当者を責める

多くの場合、交渉とは、企業など「組織と組織の間」で行われるものです。

相手も自分も、それぞれが所属する組織の代表者として交渉の席についている。そこで「背負っている組織がある者同士」という仲間意識を喚起するというのは、「ウィン・ウィン」の合意形成を目指す際に有効なテクニックです（実際、2章で紹介したとおり）。

しかし、**理不尽な要望を出されたり、こちらの提示を一蹴されたりしたら、より強硬に相手を攻め落とす策が必要になる**でしょう。

そんなときには、目の前の担当者という「個人」を責めるというのも1つの方法なのです。たとえば、次のように。

「ちょっと待ってください。これは御社としてのご要望なのですか？　上の方に確認を取らせていただきたいのですが」

つまり、「あなたの会社ではなく、あなた自身が勝手に言っていることなのではないか」という疑いの目を向け、相手を責めるわけです。

「組織の代表」として交渉の場にいるというのは、言い換えれば「組織に守られている」ということです。

そこで、**相手と組織を意図的に切り離し、相手の組織（上司など）をちらつかせてプレッシャーをかける。**こうして相手を心理的に孤立させ、譲歩を引き出す――というのが、このテクニックのポイントです。

あまり多用すべきではありませんが、理不尽な相手には非常に効果的です。

たとえば、事故の損害賠償で加害者の代理人になったときなど、被害者の代理人から、こちらが提示した額をはるかに上回る不合理な額を提示されることがあります。

「さすがに高すぎますよ。一度、こちらの提示額を被害者さんとご相談してみてください」とお願いしても、「いや、私に一任されているので、その必要はない」の一点張り。そんなとき、私は、このテクニックを使います。

「わかりました。では、私から今回の提案を詳しく記載したものを書面で送付させていただきますね。その額で示談が成立せず裁判になった際には、こちらが妥当な提案をしていたのに代理人が依頼者に相談せずに拒否した証拠として提出できますので。裁判では情報は一切行いません。それはこの場で宣言しておきます」

このように伝えると、他人事として交渉を進めていた弁護士も「あとで自分の責任問題になるかもしれない」と焦り出します。これまでとは違い、**突然自分が「当事者」になる**からです。そして態度が急に軟化し、まともな交渉へと路線変更することができるのです。

交渉上手のテクニック

目の前の相手を「孤立」させる

「客観的事実」はまとめて突きつける

人は、意外と自分の言ったことを覚えていなかったり、自分が言っていることほど、矛盾点に気づかなかったりするものです。

つまり、「言ったそばから忘れてしまう」ことが多いのです。

その場、その場の瞬発力で言葉を発したせいで、前後で言っていることが矛盾したり、結果としてひどく理不尽な話になっていたり（しかも、自分では気づかない）、という場合も少なくありません。

これから紹介するのは、そんな不思議なメカニズムを逆に利用して相手に攻め込むというテクニックです。相手の矛盾点やウソ、あるいは不条理な点を突いて、こちらに有利に話を進めたいときに役立ちます。

ポイントは**「客観的事実をまとめる」**こと。2つほど例を挙げながら、このテクニックの用法と効能を説明していきましょう。

ある企業の情報漏洩問題で、このテクニックを使って「犯人の自白」を取ったことがあります。

それは、社内の機密文書が外部に持ち出されたという問題でした。

真っ先に疑いの目を向けられた社員がいたのですが――仮に「田中さん」としておきましょう――本人は「私は知らない」の一点張りです。

問題の文書が田中さんのパソコンで検索、閲覧、印刷されていることまでわかっていたのに、あくまでも「自分ではない」と言い張り、「誰かが私のパソコンを使ってやったんだ」と主張していました。

しかし、事務方の田中さんの業務内容は内勤であり、席を立つときといえば、1時間ほどの昼休みとトイレのときくらいです。客観的に考えて、田中さんのパソコンで文書を検索、閲覧し、印刷までできるのは、田中さんのほかには考えられませんでした。

田中さんが言っている「私はやっていない」「誰かが私のパソコンを使ってやったんだ」というのは、すべて主観です。

その主観に対して、いくら「それは違う。あなたはウソをついている」と詰めても、「ウソなんかついていません！」「本当のことを言いなさい」という水掛け論になってしまうだけでしょう。

ところが、次のように客観的事実を加えて話すと、ガラリと様相が変わります。

「では、これから客観的な事実のみを挙げていきます。まず、Xという社外秘の文書が持ち出されました。持ち出されたと思われる日の前日に、ある社員、仮にAとしますがAのパソコンで、その文書が検索、閲覧、印刷されたという記録が残っています。Aはほとんど内勤で、席にいないのはトイレと昼休みです。

Aの席は他の社員からよく見える位置にあるので、他人が座って作業すると目立ちます。そもそも戻ってきたA本人に見つかる可能性が高いといえます。

それだけの危険を冒してAのパソコンを使う理由も見つかっていません。さて、このような場合、警察は誰が文書を持ち出したと考えるでしょうか？」

このように客観性をもって詰められると、「犯人はAしかありえない」ということが、逃れようのない事実として認識されます。

「私はやっていない、誰かがやったんだ」というのは、ほかでもない自分が主張したことです。にもかかわらず、「それでは道理が通らない」ということが、わかっていない。なぜなら、その場の瞬発力で言ったにすぎないからです。

だから、「客観的事実」をインプットされると「その状況からすると犯人はA……つまり私です」と認めざるをえなくなってしまうのです。

こんな具合に、**相手の主観から生じた矛盾点やウソを、自分で認めざるをえない状況に持っていく**こと。それがこのテクニックの効能その1です。そして、もう1つの効能は、**相手の話のおかしな点を突くことで、話を有利に持っていける**ことです。

事故の示談交渉で、加害者側の代理人になったときのことです。

被害者の代理人は、示談金として500万円を要求していましたが、私からすると、せいぜい50万円、高くても100万円が妥当でした。

そこで、私は、次のように返しました。

「そうですか……。つまり、こういうことですね？ そちらとしては、500万円からビタ一文引くつもりはない、と。500万円を支払わなければ裁判になる、告訴を取り下げるつもりはない、ということですね？」

すると相手は、「いや、そこまでは言っていない」と言い出し、示談金を500万円から大幅に下げることができました。

どんな人にも、多少なりとも「嫌なやつになりたくない」「いい人でありたい」という欲求があるものです。

このケースでは、「法外な賠償金を請求している」ということを客観視させたことで、相手の「そんな嫌なやつになりたくない」という気持ちが発動し、大幅な譲歩を引き出すことができたのです。

なお、この方法では「相手の言っていることを正確に記録し、整理する」ことが肝になります。そうしなければ、相手の矛盾点やウソを暴くことができないからです。

しかし、相手と話をしながら、記録を正確に取り、整理するということを1人で行うことはかなり困難です。

相手と直接話す担当と別に、「記録係」を用意するようにしましょう。相手に質問を投げかけて、いろいろ聞き出す役と、その中から矛盾点を見極める役で分担するわけです。

さて、相手の矛盾点やウソを突く、相手の不条理を突く、いずれの効能を得るにしても、テクニックの基本は「客観的事実」をただ並べるだけ。特別な話術は必要ありません。

ただ、話を聞きつつ、自分のなかで客観的事実をまとめていくというのが、最初は難しいと感じるかもしれません。

その場合は、**相手の言葉を「オウム返し」することから始める**といいでしょう。

交渉を有利に進める返答術

500万円請求します！
500万円
請求されるんですね
示談が成立しなければ
裁判をします！
示談が成立しないと
裁判をされるんですね
ちょっと
言いすぎているかな……

「オウム返し」で客観的事実を突きつける

たとえば、先ほどの2つめの例でも、相手が「500万円を請求します」と言ったら「500万円を請求されるんですね」と返し、相手が「示談が成立しなければ裁判です」と言ったら「示談が成立しなければ裁判になるんですね」と繰り返す。

これだけでも、相手は「うわ、それを言っている自分はそうとう嫌なやつだ」「今の発言は厳しすぎた」と思うでしょう。

私が言ったようなまとめ方をせずとも、「オウム返し」だけで、客観的事実を突きつけるのには十分、効果的というわけです。

交渉上手のテクニック

事実を突きつけ、認めざるをえない状況にする

「考えなしの謝罪」はNG

簡単に見えて、じつは難しいのが「謝罪」です。
謝罪によって、かえって相手の怒りの火に油を注いでしまう。あるいは謝罪によって相手を図に乗らせてしまう。どちらも避けたいところでしょう。すでに、下手な謝り方をして痛い目を見たことのある人も、多いかもしれませんね。

謝罪について、まずお伝えしたいのは、**反射的に「考えなしの謝罪」をするのはナシにしよう**、ということです。

これから見ていくように、謝ってもなお交渉を順調に進めるためには、多少、頭と技術を使う必要があります。強く言われると、何も考えずに謝ってしまう人も多いと思いますが、これが一番よくありません。

では具体的に、どう謝罪したらいいか。それは「本音の謝罪」と「建前の謝罪」とで異なります。

「本音の謝罪」とは、自分に非があると認めており、心から謝りたいと思っているときの謝罪。この場合、とくに言葉や態度のテクニックはありません。「申し訳ない」という気持ちをそのまま言葉にし、はっきりとした口調で謝ってください。多少大げさなほうが相手に伝わりやすくなります。

ただし、ここで、ある心理作用が働くというのは覚えておいて損はありません。ひたすら平身低頭で謝られると、人は「もういいですから、頭を上げてくださ い！」と言いたくなるものです。悪いのは相手だと思っていても、頭を下げさせてい ることが、少し申し訳なく思えてくるのです。

もう想像がついているかもしれません。**自分に非があるときは、思い切り謝ることで、いち早く、対等の状態に戻すことができる。**これが、「本音の謝罪」の心理作用です。

心からの謝罪は、もちろん尊いものです。それでも、心のどこかで「私をボコボコに殴ってスッキリしてください（そうしたらチャラですね）」と思っているのが交渉上手というわけです。

一方、「建前の謝罪」とは、自分に非があるとは思えないけれど、「謝っておいたほうがいい」というときの謝罪です。理不尽だと思っても、自分が謝らなくては前に進めない。いわゆる「大人な対応」が求められる状況ですね。

そういう場合の謝罪では、1つ気をつけたいことがあります。

一方的に責めるのはお門違いという状況で怒りをぶつけてくる人は、たいてい、謝らせることでマウントをとろうとしています。「あなたが悪い」というのをアドバンテージとして利用し、交渉を有利に進めようとしていると考えてください。

したがって**「建前の謝罪」では、「マウントをとられるような謝り方」にならないよう、注意が必要**なのです。

いつもよりやや低めの声で、「このたびは、申し訳ありませんでした」程度のシンプルな謝罪言葉を、ゆっくり深々と頭を下げながら言うといいでしょう。表情は、無表情を心がけます。

謝ったあとも重要です。

こちらから主導権を奪い、好き勝手に交渉を進めることを、相手に許してはいけません。「謝ったからといって、譲歩するわけではない」「それとこれとは別」という姿勢を明確に示すこと。それには、声のトーンや表情を変化させます。

謝るときは「低い声で無表情」でしたね。

だから、交渉を再開するときには、少し声のトーンを上げ、笑顔とはいわないまでも、やや口角を上げるようにします。こうして**「謝ったことで、その件は済んだので、そろそろ本題に戻りましょう」という強いメッセージを出す**のです。たとえ弱気になっていても、ここは演技でいいので、「毅然と」した態度を見せてください。

以上が、「本音の謝罪」と「建前の謝罪」の違いですが、両方に共通して、注意してほしいこともあります。

それは、**「謝るべき点を明確にする」**ということです。

そうしないと、本音だろうと建前だろうと、謝罪によって相手を優位に立たせることになりかねません。ちょっとした失点によって、格段にやりづらくなってしまうのです。

たとえば、「なんだ、その言い方は！」と怒られたとしましょう。

そこで謝るべきなのは、「その言い方をしたことについて」のみ。「ご気分を害すような言い方をしてしまい、申し訳ありませんでした」などと、「何について謝っているのか」を明言しながら謝るのが正解なのです。

ちなみに「言い方」に文句をつけてきたときは「そこ以外反論できない」というのが相手の本音。「ゴールは近い」という合図だと思ってください。

交渉上手のテクニック

「2つの謝罪法」を駆使する

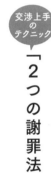

4章

「要望を受け入れる」技術

——徹底的に「本音」を引き出す

「本音」がわかれば交渉は9割決まる

本章で身につけていくのは、徹底的に本音を引き出す技術です。

たとえば、「チキンカレーが食べたい」という人には、チキンカレーを出せば満足してもらえます。でも「何かお腹に溜まるものが食べたい」と言われたら、何がいいのかを探らなくてはいけません。「何でもいい」と言われたら、なおのことです。本章で紹介するのは、ここでいう「チキンカレーが食べたい」を引き出すテクニックというわけです。

相手がすすんで本音を話してくれれば、何も苦労はありません。自分が提示したものと相手のニーズが最初からカッチリ合えば、やはり楽勝です。しかし、そんなケースは稀だというのは、みなさんもきっと身にしみていることでしょう。

本音を引き出し、ニーズに応えるにも、テクニックが必要なのです。実際、相手の本音さえ引き出せれば、交渉の9割は決まったも同然。そういう意味では、本章のテクニックは「究極の交渉術」といってもいいかもしれません。

「熱量」を武器にする

「絶対に決めたい」と思っているのに、「難しければ、別にいいんですけど……」という控えめの態度をとってしまう。よくあることではないでしょうか。

これは日本人特有の「奥ゆかしさ」なのか、それとも「前のめりになると足元を見られる」という計算が働いているのか、あるいは、「押しが強いと引かれる」と恐れているのか……。

いずれにせよ、押したいときに押さないというのは、はっきりいって得策ではありません。**こちらの「熱い思い」は、ストレートに伝えたほうがいい**のです。

私などは、多少、芝居がかっているくらいでちょうどいい、と思っているほどです。

実際、小芝居を演じているかのように大げさに振る舞うこともよくあります。

交渉というと、ロジックばかりが重んじられがちです。でも、**相手も感情のある人間です。**「ぜひとも御社と契約したい！」などと熱く伝えられて、嫌な気持ちになる人はいないでしょう。プライベートならなおさらです。感情はときにロジックを大きく上回る。それが交渉の面白いところです。

つい先日も、私の事務所の社員に注意したことがあります。

あるインターンの学生さんが非常に優秀だったので、卒業後に、我が事務所の正社員になってもらおうと話していました。

こちらとしては「ぜひとも！」という強い思いがあったのですが、その社員はインターンの学生さんに「あなたはまだまだ若いし、ほかの事務所もいろいろと見てみて、うちでもいいと思ったら来て」と伝えてしまいました。

おそらく、優秀な相手のためを思ってのことだったのでしょう。

しかし、もしあなたがそんなふうに言われたらどう感じるでしょうか。

「そこまで求められていないのかな」と思っても無理はありません。それればかりか、

「だったら、ほかに行こうかな」などと考えようものなら、我が事務所は、優秀な人材を逃すことになるわけです。

すぐに私が直に話し、「君ほど優秀な人はいない。ぜひうちに来てほしいと思ってる」と熱く伝えました。

相手が企業でも、熱意が有効なのは変わりません。

私がある中堅メーカーの民事再生に関わった際の話です。いよいよ2日後に民事再生を申し立てるというときに、先輩弁護士から、こう頼まれました。

「明後日工場に行って、社員たちに民事再生を申し立てることを伝えてくれ。その日は支援を検討している企業の人が工場を見に来る。そのとき、騒然となっていたら支援をしてもらえなくなってしまうかもしれない。そうならないために、彼らにいつも通りの仕事を続けてもらうよう、論理立ててきちんと説明してきてほしい」

当時まだ経験が浅かった私は、工場の人たちにどう伝えればいいか悩みに悩みました。先輩弁護士の言うように論理的に冷静に伝えるべきか、それとも、彼らの気持ちを動かせるように熱意を込めて伝えるべきか……。

最終的に私が選んだのは後者でした。200人を超す社員の前に立った私はこう言いました。

「みなさん、この会社は民事再生を申し立てることになりました。支援を検討している企業もあります。本日、その企業がこちらに視察に来ます。

みなさんは今、とても不安でしょうし、また怒りもあるでしょう。しかし、いつも通りにみなさんが整然と働いていたら、支援を検討している企業の人はきっと驚くと思います。その様子を見て、『この工場は絶対に救うべきだ』と考えるはずです。

みなさんも言いたいことはあると思います。しかし、みなさんの将来を救うのは私たち弁護士ではなく、皆さん自身の今日の行動です。どうかよろしくお願いします」

とにかく、感情を込めて、社員の人たちにお願いをし、深々と頭を下げました。怒声や非難の声を浴びる覚悟をしていましたが、誰も声を発しません。

恐る恐る顔を上げると、社員のみなさんが黙って自分の持ち場に向かわれているところでした。

私はこのときの光景を一生忘れることはないと思います。私の原点となった経験といってもいいかもしれません。ロジックではなく、自分の熱い思いを愚直にストレートに伝えることで、相手を動かすことができるという確信を得られた出来事でした。

本音を徹底的に聞き出さなくては、最終合意には至らない。しかしまずは、こちらの「熱量」を惜しみなく伝えて損はないのです。

強く求められてうれしいのは恋愛だけではありません。交渉も人がやっている以上同じです。多少条件が不利でも熱量でカバーできることも多い。むしろ交渉テクニックにまだ自信を持てない人にこそ、試してほしいことです。熱量でカバーしてほしい。

熱量とは「自分がいかにあなたと仕事がしたいのか」という「あなた（＝交渉相手）」を中心にまさに「口説く」こと。その**熱量に動かされた相手が本音を明かしてくれることだって、十分、考えられるの**です。

交渉上手のテクニック

「熱意」で心を動かす

「困りごと」にフォーカスする

たとえば「新製品を売りたい」という場合を想像してみてください。

おそらく、その製品の何が優れているかをプレゼンするのではないでしょうか。作った側として、自信をもっておすすめしたい点を最大限にアピールしたい——そう考えるのも無理からぬことです。

しかし、その製品と自分のニーズがどうマッチするのか、その製品を使うことで、自分はどうトクをするのか、さっぱりイメージが湧かないという人のほうが多いはずなのです。

そういう人に、いくら製品の優れた点をアピールしても、「はあ、すごいですね。でも、うちには必要なさそうです」となってしまうのが関の山です。もう一歩、二歩、相手の事情に踏み込んでプレゼンしなくては、まったく響きません。

ここでカギとなるのが、**「相手の困りごと」**です。

「御社は、こんな困りごとを抱えていませんか？　それを解決するのが、この製品なのです」という論法で売り込めば、相手はぐっと前のめりになるでしょう。


以前、ある企業に「ＥＡＰ（従業員支援プログラム）」というシステムを売り込んだときなどは、まさに、このテクニックが功を奏したケースでした。

ＥＡＰとは従業員の福利厚生として、会社の顧問弁護士に夫婦間・男女間の問題、子どものトラブル、相続、借金など個人的な困りごとの相談ができるシステムです。

従来、顧問弁護士は企業の代理人であり、企業と従業員が対立するような状況になると、企業側に立ちます。極端にいえば、顧問弁護士は企業の味方であり、従業員にとっては敵となる場合があるのです。

その関係性を一部取っ払い、従業員の相談にも応えるというのが、ＥＡＰです。

さて、みなさんが企業経営者だとして、このシステムの売り込みに来られたら、どう思うでしょうか？

本来は自分の味方であるはずの顧問弁護士が、従業員の声に耳を傾ける。それはちょっと都合が悪い……と思ってしまうのではないでしょうか。

そこで私がとった方法が、「相手の困りごと」とのマッチングでした。

近年、若い会社員の間では転職が当たり前になっており、「せっかく採用した従業員が、なかなか居つかない」というのが企業の頭痛のタネになっています。新たに採用するコストは一人あたり約50万円。そうとうな負担です。

つまり企業にとっては、採用した従業員が定着し、成果をあげてくれるようになることが、もっともコスパがいい。当たり前ですね。そこに目をつけた私は、「離職という人事上の悩みを解決する一手段」として、ＥＡＰを売り込みました。

・「顧問弁護士に仕事上の悩みを相談できる」という特権を福利厚生に加えることで、従業員が「うちの会社は、なんて従業員思いのいい会社なんだ」と思えば、それだけ会社に居つきやすくなる

・追加で月数万円のコストは生じるけれど、採用コストに比べたら微々たるもの

このようにアピールしたのです。EAPを取り入れることで「従業員から感謝される経営者」となり、しかも、採用にかけていたコストの大幅カットにつながる。これで即、導入されることが決まりました。

このケースでは、「企業にとって退職者は頭痛のタネ」「新しい人員の採用コストはけっこうな負担」という事情を、私が把握していたことが役に立ちました。抽象的なメリットではなく、具体的な悩みの解決を提示したことで、導入に踏み切ってもらえたのです。

つまり、**日ごろから取引先企業の業界など、周辺事情に通じていると、相手の「困りごと」が見えてくる**ということ。情報収集を怠らないというのも、「交渉上手の基本的たしなみ」として、改めて心得ておいてください。

交渉上手のテクニック

相手の「不安・不満・悩み」に応える

話を「映像」で理解する

相手のニーズを的確に捉えるために重要なのは、「想像力」です。

多くの場合、相手は、自分のニーズをすべて把握しているわけではありません。裏を返せば、相手が自覚していないニーズ、潜在ニーズを掘り起こすことで、相手を全面的に満足させる交渉ができます。

そこで役に立つ想像力とは、「映像化力」と呼んでもいいでしょう。

つまり、相手が話すことを言葉だけで理解するのではなく、頭のなかで映像化してみる、ということです。

映像として考えることで、より相手の視点から物事を眺められるようになります。

いわば相手の立場や職務を「バーチャル体験」することで、いろいろな「困ったな」

や「あったらいいな」が見えてくるというわけです。

するとと相手に投げかける質問も、より精度が高くなり、ニーズに対するヒット率も自ずと高くなります。

「じゃあ、こういうサービスが入ったら業務の無駄が減りますね」「こういう製品を導入したらコスト減になりますね」などと、「相手と一緒に答えを導き出す形」で、ごく自然に相手の深いニーズに応える提案ができるのです。

私は顧問先の社長と話すときによくこのテクニックを使います。たとえば先日、ある中小企業の社長から「社員たちが報告をしてくれなくて困っている」と相談を受けました。

社長の言い分を聞けば、悪いのは報告ができない社員だということになりますが、本当にそうなのでしょうか。

この社長は営業一筋のたたき上げで、今も大事な取引先には自ら訪問しています。経営者としての仕事に加え、営業活動もしていますから、いつも忙しそうです。そうんな情報を踏まえて、日頃の社長の様子を少し想像してみました。

人事採用の担当者が来年度の採用計画について、社長に報告したがっています。資料も用意し、いつでも話しに行ける状態ですが、社長は取引先と長電話をしていて、話しかけるタイミングがありません。ようやく電話が終わったと思ったら、銀行に融資の相談があるからと、会社を飛び出して行ってしまいました。銀行の後は会食があるため、今日は会社に戻らないようです。

採用担当者は「今日も報告できなかったな……」とため息をつきながら資料を引き出しにしまいました……。

こんな映像が思い浮かびました。つまりは社長が忙しすぎるため、社員が報告をするタイミングがないのではないか、と考えたのです。

私は社長に「社員の報告を受ける時間を決めて、その時間は予定を入れないようにする」ことを提案しました。社長はまさか自分に原因があるとは思っていなかったようですが、私の提案を取り入れると、社員の報告が何倍にも増えたそうです。

話を聞いているだけだと、どうしても相手の主観に引っ張られてしまいますが、**「映像」を思い浮かべると、客観化して問題を捉えることができるようになります。**

こうして相手の状況を深く理解することで、より的確にニーズを満たす提案ができるようになるのです。

交渉上手のテクニック

「映像」で考えて、相手の立場を深く理解する

本音が見えてくる「仮定」の問いかけ

一見、通らないかに思われた提案が、相手の本音を徹底的に引き出したことで、よりよい形で成就する。

そんなミラクルを起こせるのは、本音を引き出す交渉術の醍醐味の1つです。

まず、相手の本音がどこにあるのかわからない状態で、「こうしたほうがいいに決まっている」といった決めつけは禁物です。

決めつけてかかったとたんに、「あなたの提案には乗れない」と、交渉の扉を閉じられてしまうでしょう。

ここで問われるのは、いうまでもなく「聞き出す力」。そして、聞き出すには、自分の提案に、ある程度の「遊び」、つまり**「変更可能な余白」をもたせたうえで、相**

手に問いかけていくことです。

では、どう問いかけたらいいか。簡単です。「もし～」と聞いていけばいいだけなのです。

「もし～」というのは、「もし～だとしたら、どうでしょう?」という具合に**「仮定の話」をすることで、本音を引き出すという問いかけテクニック**です。

私の知人のケースなのですが、以前、こんなことがありました。

古くから住んでいる人が多い住宅地に、介護施設建設の案が持ち上がりました。ところが、その地域の住民会の主要メンバー2人が、普段から折り合いが悪く、なかなか話が前に進みません。この2人を、仮にAさん、Bさんとしましょう。

Aさんは介護施設の建設に賛成、Bさんは反対。しかし建設するには、Bさんの土地の一部を買い上げる必要がありました。つまり、Bさんが「うん」と言わない限り、建設できないというわけです。

Aさんの代理人となった私の知人は、早速Bさんの元へ向かいました。

当然ながら歓迎されるわけもなく、延々とAさんに関する愚痴を聞かされましたが、折を見た知人は、まず、このように切り出しました。

「Bさん、もし、この地域に大きな施設ができたら、どうでしょう？」

これには「そんなの賛成できない！」と返されてしまいましたが、さらに知人は問いかけました。

「じゃあ、もし、の話ですよ、もちろんナシだとは思いますが、もし、その施設に、他地域に移り住んだ人たちが訪ねてくることになったら、どうでしょう？」

すると、これも頭ごなしに否定するかと思いきや、Bさんはちょっと思案顔になりました。「そういうの、いいなあ」と、前向きな姿勢すら見られたといいます。

ここで知人は、「どうもBさんは、すっかり地域が寂しくなってしまったことを憂えているようだ」と見て取りました。そしてさらに問いかけました。

「もし、たとえば子どもたちが遊べるスペースもあったりして、夏にはバーベキュー、お正月には餅つき大会が開かれたりする場所になったら……、どうでしょう？」

この後も質問&応答は続きましたが、結果として、Bさんはあっさり賛成に転じ、

「仮定の話」で問いかける

もし、大きな施設ができたらどうですか?
賛成できない!
もし、その施設に人がたくさん来るようになったらどうですか?
いいかもなあ……
「地域の活性化」を望んでいるのかな?

「もし～なら」で真の思いを探る

介護施設の建設と相成ったのです。

知人は、「もし〜」の問いかけによって、「地域を活性化させたい」というBさんの本音を聞き出しました。

最後の決め言葉は、「この地域の再活性化は、AさんとBさんの2人の力なくしてできないように思えます。ここは協力して、他地域からも人が集まる、素敵な憩いの場を作りませんか？」だったそうです。

こうして単なる介護施設ではない、「人が集う」という付加価値のある施設にすることができたのです。もし、知人が「介護施設の建設ありき」と決めつけて話していたら、対立は解消できなかったに違いありません。

その施設がどういうものだったら、Bさんも乗り気になってくれるのか。そこを「もし〜」の問いかけで相手の考えを丁寧に聞き出したからこそ、うまくいったのだと思います。

交渉上手のテクニック

「仮定の話」を繰り返す

「しょーもない情報」こそ宝

交渉とは、つまるところ「人と人との間」で行われるものであり、もっとも問われるのは、やはり「信頼」です。

「そんなことは百も承知。だけど、信頼を得るのが難しいから困ってるんじゃないか……」なんて声も聞こえてきそうですが、「信頼を獲得せねば」と身構えてしまうと、かえって相手は警戒心を強めかねません。

もっと気楽に考えればいいのです。

相手は、自分と同じ人間です。では自分は、人間として何をされたらうれしいでしょうか？　どんな人に信頼感を抱きますか？

挙げ出したらキリがないとは思いますが、おそらく万人が共通して持っているのは、

「認知されたい」という欲求です。つまり人は、**「人として他者から関心を持たれるとうれしい」**のです。

交渉相手においても、それは同じ。そう考えれば、「あなたも私も人ですよね。人として、あなたに関心がありますよ」ということを、さりげなく示すというのは、相手を喜ばせ、信頼につなげる方法といえるでしょう。

それには、まず、相手が「どういう人なのか」という情報を集めておくことです。交渉に臨む前に、相手企業はもちろんですが、実際に相対する担当者のSNSをチェックする。その人が何を趣味にしているのか、どんな食べ物が好きなのか……そんな一見すると、「しょーもない情報」を集めておきます。

その情報は、交渉に入る前の世間話で使うというのもアリですが、さらに効果的なのは、「交渉の終わり際」です。

「では、続きは次回に」となってから、「そういえば○○さんってジョギングがご趣味なんですね」などと話題に出すのです。

すると、相手は認知欲求が満たされた状態で、その回を終えることになります。

「交渉のはじめ」にこの方法をとる人がいますが、私は「去り際」をおすすめします。はじめだとどうしても相手に「媚びを売っている」「親近感を持たせて油断させようとしている」と捉えられ、せっかくの情報が生かせません。しかも、交渉内容がヒートアップしてしまうと、そんな親近感はふっとんでしまいます。一方去り際なら相手を驚かせつつ、最後にプラスの印象を与えることができます。

言い換えれば、あなたに「いい印象」を抱いた状態で、いったん離れることになる。その印象は次に会うときまで続くため、次の交渉では親近感が増し、ざっくばらんな本音トークなどもしてくれるようになるでしょう。

このように、「お互いに人」「人としてあなたに関心がある」と示すのは、簡単でありながら、大きな効果が見込めるのです。

交渉上手のテクニック

去り際に「認知欲求」をくすぐる

別人の例として聞いてみる

自分の本音を容易に明かしたくない。ニーズをつかまれたくない。

これもまた、人間心理の一面です。場合によっては、本人が、心のどこかで「恥ずかしい」と思っているニーズもある。その可能性を考慮しないままでは、知らないうちに相手のニーズを見誤りかねません。

価値観は人それぞれです。客観的にはまったく恥ずかしくないことでも、相手自身が「そんなふうに見られたくない」と思っていたら、とうてい正攻法では正直なところを聞き出せないでしょう。

そこで、問いかけ方の1つのオプションとしておすすめしたいのが、**「他人の例」として聞いてみる**ことです。

私は、企業の顧問弁護士として、従業員から仕事上の不満や悩みを聞き出し、改善につなげるという仕事もしています。

「他人の例」として問いかけるというテクニックは、そこでよく使います。

従業員の人たちは、「会社の悪口」と受け取られることを恐れているのか、あるいは「悩んでいることを知られたくない」というプライドのためなのか、ストレートに聞いても、なかなか本心を明かしてくれません。

「こんなことで悩んでいませんか？」と聞かれると、「自分はそんなことありません！」と言いたくなる。みなさんも、ちょっと想像してみれば、その心理が理解できるのではないでしょうか。

そんなときこそ、「他人の例」が効力を発揮します。

「別の会社の話ですが、こんなことがありましてね」

「あなたと同じくらいの社歴、似たようなポストに就いている人から、こんな話を聞いたことがあります」

このように、「他人の例」から話していくと、「そういえば自分も……」と打ち明け

てくれる場合が多いのです。おそらく「自分だけではないんだ」という安心感も手伝って、重い口を開く気になるのでしょう。

「あなたのニーズは何ですか」とストレートに向き合うのは、真摯で誠実な態度です。それが信頼の基礎となることも、もちろん、多々あります。

しかし、ときには変化球を投げ、相手の隠れたニーズを探り出すテクニックを持ち合わせている人が、本当の交渉上手といえるでしょう。

とくに相手の口が重いなと感じたときには、婉曲な問いかけ方に切り替える柔軟さが必要なのです。

もちろん、出した例がまったく相手に当てはまっていなかったら、本音を明かす呼び水として機能しません。**いくつかの可能性を考えて、ある程度、バリエーションのある「他人の例」を準備しておく**といいでしょう。

交渉上手のテクニック

「自分だけではない」と思わせる

言い分を〝何一つ〟否定しない

相手の要望を受け入れる交渉では**「相手の言い分は否定しない」のがルール**です。

これが、こちらの基本姿勢です。つまり、「ロジック」で詰め寄らないこと、「論破」しようとしないこと。たとえ相手の言っていることが間違っていたとしても、です。正面から相手を論破するのは気持ちいいかもしれませんが、それで交渉はゲームオーバーです。

とはいえ、相手の誤りを放置しては、相手のニーズが引き出せず、相手のニーズが引き出せなければ、こちらのアピールもできないため、交渉になりません。

そこはテクニックが必要です。要するに、相手に「否定された」と感じさせずに、相手の誤りを正しい認識に変え、本当のニーズを引き出していけばいいのです。

そのためのテクニックがあります。それは**「うーん……」と、しばし沈黙した後、「事実だけ」を述べる**、というテクニックです。

人は、自分が言ったことに対して「いや」「しかし」「でも」といった否定語で返されることを嫌います。とくに立場や年齢が自分より下の人から言われると、「もう、いい！」と一気に心のシャッターが降りてしまう恐れがあります。

だから、相手が間違った認識を示しても、「いや」「しかし」「でも」は言わない。「うーん……」のあとに淡々と事実だけ述べ、こちらの正しさをさりげなく見せるといいのです。

たとえば、あるクラウドシステムを売り込みたいとしましょう。

価格や内容について、ひととおり説明した後に、相手から「でも、ほかではもっと安くやってるんじゃないの？」と難色を示されました。

しかし、提供している内容を考え合わせれば、同業他社の類似システムのなかでは破格ということが、自社のリサーチではっきりしていました。つまり、相手は明らかに間違っています。

ここで「いや、この内容を、この価格で提供しているのは我が社だけです」などと反論するのは、「ほかはもっと安くやっている」という相手の見立てをはっきり否定することになるので禁物です。ではどう言ったらいいか。

「うーん……。同業他社の類似サービスだと、A社は○○という機能を省いているので値段は安いですね。B社は値段は高いですが、○○に加えて△△という機能もついています」

ここではけっして、「御社には○○という機能が必要だと思うので、うちのシステムが最善です」といった言い方をしてはいけません。あくまで、こちらからは事実だけを伝え、相手が「○○が必要だなあ……」と言うまで待つのです。

このように「事実だけ」を並べれば、「いや」「しかし」「でも」と言わずに、「この内容で、この価格なのは、うちだけ」と相手にスムーズかつ、気分を害することなく示すことができるのです。

交渉上手のテクニック

「否定」せず、「事実」を返す

「相手から話し出す」シチュエーションを作る

人間には、「押されると、逃げてしまう」という習性があります。

そこで「押されていると感じさせずに、押す」というのは、まさに交渉上手。しかし一方で、「まったく押さない」というのもまた、交渉上手なのです。

相手のニーズを引き出す際に、「いっそ聞かない」ということ。

たとえば、商談の場で、パンフレットなど、商品に紐付いたものは並べるものの、話していることは商品とはまったく関係のない世間話、というテクニックです。

そんなことでは、交渉のために取ってもらった時間が丸々無駄になる、と思うかもしれません。しかし、そこが人間心理の不思議なところです。

セールスの導入にありがちな「どういった商品をお望みでしょうか?」などという質問をまったく受けないと、逆に「この人は何を話しに来たんだろう?」「あのパンフレットは、何だろう?」と好奇心を刺激されるのです。

そんな雰囲気を察知しても、まだ我慢です。

相手が「ところで今日は……?」と水を向けてきたら、ようやく「あ、そうそう、本日は……」と本題に入ります。

このように、**「相手から話を始める」シチュエーションを作り出す**ことが大事なのです。相手がこちらに話をするよう促すのは、「あなたの話を聞きますよ」というサインです。つまり、相手の聞く準備が整っているということなのです。その状況をつくり出せば、相手から本音を引き出しやすくなります。

私も先日、このテクニックを使って、相手の本音を聞き出したことがありました。刑事事件で逮捕された会社役員のAさんの弁護を担当したときの話です。Aさんの勤める会社の経営者が脱税容疑で逮捕され、Aさんも共犯だったという疑いを受け、逮捕されてしまったのです。

私は、警察署で勾留されているAさんに会って、「私はやっていない。いわれのないことで責任を取りたくない」という話を聞きました。

私は何よりもまず、「共犯の証拠を検察が持っているのか」を確かめなくてはならないと考え、それを探るべく、検察官の元を訪れました。しかし、正面切って「共犯の証拠があるんですか?」と聞いても無駄です。検察官が簡単に自分の手の内を明かしてくれるはずがないからです。

そこで私は、あえて共犯の証拠から離れた議論を持ちかけました。検察官は最初のうちこそ議論に乗ってきましたが、私の真意が読めないからか、だんだん落ち着かない様子を見せ始めました。

それに気づかないふりをして、議論を続けていたところ、しびれを切らした相手が「今日はAさんが共犯となる証拠があるかどうかを話しに来たんではないですか」と言ってきました。

私はこの瞬間を逃さず、「やはり検察もその点を気にされているんですね」と返すと、「しまった」という顔をしたあと、腹をくくったのか「こちらもそこが争点だと思っています」と話してくれました。
それからは、お互い本音に近いやり取りができるようになりました。私は検察がつかんでいるであろう証拠では、共犯を証明できないのではないかと伝えました。最終的には検察も同じように考えたのか、Aさんは不起訴となりました。

「相手から話を始めるまで待つ」ことを意識するだけで、本音を引き出せる確率はずっと高くなります。なかなか本心が見えない相手に対しては、一度、じっと待ってみることを試してみてください。

交渉上手のテクニック

「相手から話を始める」ように仕向ける

何も話してくれないときは……？

どう問いかけても、一向に相手がまったく乗ってこない。
これでは、相手のニーズを探ろうにも手がかりすらつかめず、「万事休す」と思ってしまうかもしれません。しかし、そんなときにも使えるテクニックがあります。2つ、紹介しておきましょう。

1つめは、「潔く引く」というテクニック。 もっといえば「潔く引こうとしている様を、相手に見せる」ということです。

「今日はダメだ」と思ったら、十中八九は、その感覚が正解でしょう。交渉の席についた以上は、何かしら手応えを得てから次につなげたい。その気持ちは山々でも、さっと引いたほうがいいのです。

ただし、これは「諦める」ということではありません。

このテクニックのポイントは、今も言ったように、「潔く引こうとしている様を相手に見せる」ことです。

「今日はお疲れみたいなので帰ります」などと言いつつ帰り支度を始めると、たいてい、相手は「いやいや、せっかくいらしたのですから……」と態度を軟化させてくれる可能性があります。

「何も聞かず、何も話さず、相手を追い返そうとしている自分」なんて、誰だって嫌だからです。

しかし、ここで「そうですか？　では」と態度を一変させ、ふたたび席につくのは賢明ではありません。

いったん「引く」と決めたら引く。それでこそ、相手に「今度こそ、ちゃんと話を聞こう。こちらも話そう」という意識が生まれ、「次回」が実り豊かな交渉となるのです。

もう1つのテクニックは「逆を聞く」というものです。

これは人間の習性を利用した手法です。お店でショーケースに入った商品を見ていて、店員さんから「出しましょうか？」と言われたとき、反射的に「いいです」と断ってしまう。こんな経験はありませんか？

じつは人間には、「逆に答えてしまう」という習性があるのです。私の母は薬局を経営していたのですが、こうした習性をよくわかっていたように思います。

薬局のレジ横にはいつも体温計が置いてありました。母がそれをお客さんに勧めることはありませんでしたが、とてもよく売れていました。当時小学生だった私は「あんなに売れるんなら、お客さんに『体温計はいかがですか？』と言ったらもっと売れるんじゃない？」と聞きました。すると母は笑って、「逆なのよ」と答えました。

お客さんは「いかがですか？」と聞かれると、「大丈夫です」とつい答えてしまうから、聞かないほうがよく売れる。そう教えてくれました。

つまり、何も話してくれない相手に対して、「困っていることはありますか？」などと正面切って聞いたところで効果はない、ということです。

「何も話してくれないとき」のテクニック

Ⅰ.潔く引く

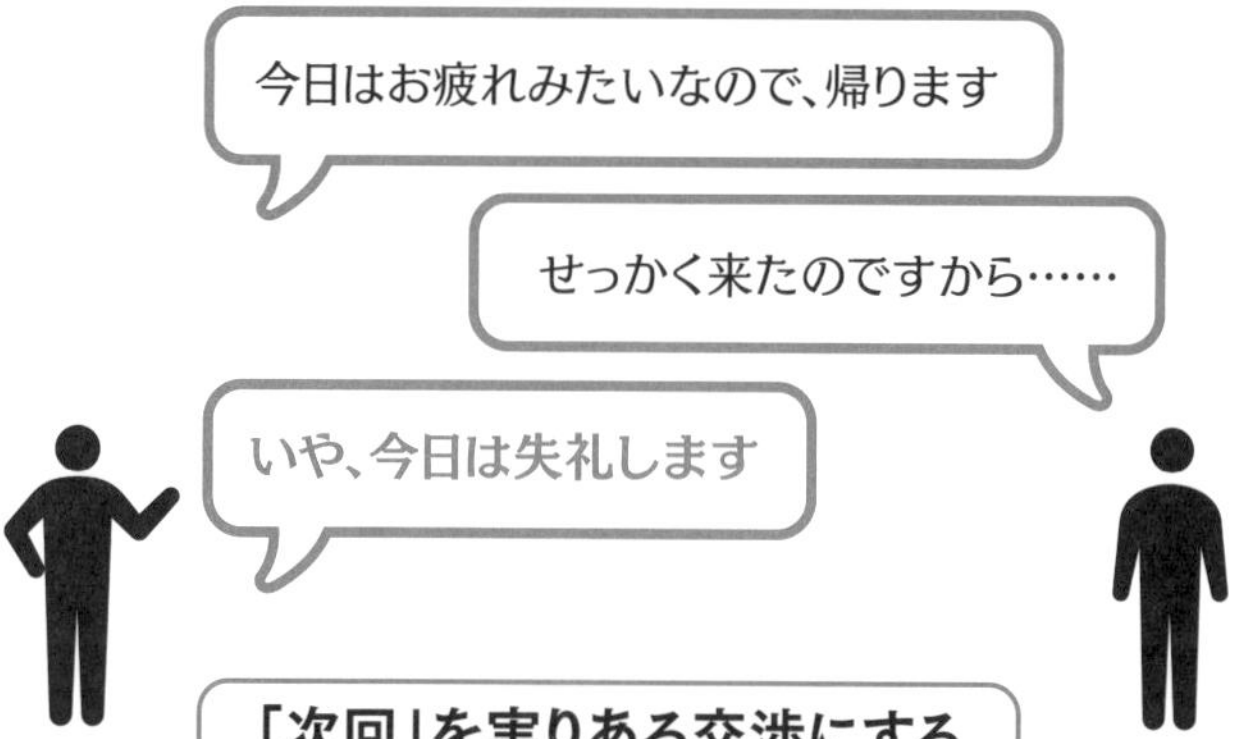

「次回」を実りある交渉にする

Ⅱ.逆を聞く

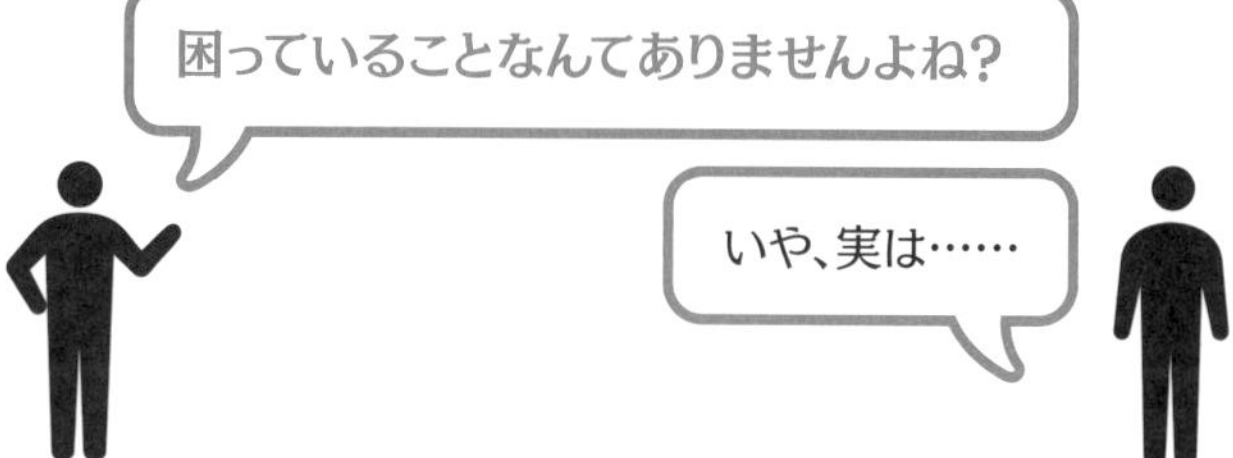

「逆に答える習性」を利用する

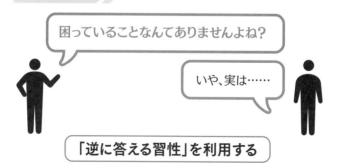

だから、あえて「逆に聞く」。「これだけ事業がうまくいっているのだから、困っていることなんて一つもありませんよね？」と聞くと、「そんなことはないよ、じつは……」などと答えてくれることが多いのです。

なかなか**相手が本音を話してくれず、正面から質問するだけではらちが明かないと感じたら、一度逆を聞くようにしてみてください。**きっと、突破口が開けるはずです。

交渉上手のテクニック

「潔く引く」か「逆を聞く」ことで本音を引き出す

交渉上手《こうしょうじょうず》

著　者――嵩原安三郎（たけはら・やすさぶろう）
発行者――押鐘太陽
発行所――株式会社三笠書房
〒102-0072 東京都千代田区飯田橋3-3-1
電話：(03)5226-5734（営業部）
：(03)5226-5731（編集部）
https://www.mikasashobo.co.jp
印　刷――誠宏印刷
製　本――若林製本工場

ISBN978-4-8379-2841-6 C0030